● 逸仙林学生原创作品 ●

中山大学顶尖课外学术竞赛项目汇编

陈保瑜　樊艳芬　主编

·广州·

版权所有　翻印必究

图书在版编目（CIP）数据

中山大学顶尖课外学术竞赛项目汇编/陈保瑜，樊艳芬主编．—广州：中山大学出版社，2016.4

（逸仙林学生原创作品）

ISBN 978 - 7 - 306 - 05577 - 4

Ⅰ.①中… Ⅱ.①陈… ②樊… Ⅲ.①中山大学—学术—竞赛—汇编 Ⅳ.①G644

中国版本图书馆 CIP 数据核字（2015）第 316509 号

出版人：徐　劲
策划编辑：赵　婷
责任编辑：赵　婷
封面设计：曾　斌
责任校对：刘丽丽
责任技编：黄少伟
出版发行：中山大学出版社
电　　话：编辑部 020 - 84111996，84113349，84111997，84110779
　　　　　发行部 020 - 84111998，84111981，84111160
地　　址：广州市新港西路 135 号
邮　　编：510275　　传　真：020 - 84036565
网　　址：http://www.zsup.com.cn　　E-mail:zdcbs@mail.sysu.edu.cn
印 刷 者：广州中大印刷有限公司
规　　格：880mm×1230mm　1/32　4.375 印张　110 千字
版次印次：2016 年 4 月第 1 版　2016 年 4 月第 1 次印刷
定　　价：15.00 元

如发现本书因印装质量影响阅读，请与出版社发行部联系调换

丛书编委会

顾问： 颜光美
主任： 莫 华
成员： 陈昌龄　陈　凌　古添雄　李　桦　岳　军
　　　　曹　新　陈　方　陈省平　陈英群　陈征宇
　　　　戴红晖　戴怡平　丁小球　郭　燕　黄　诚
　　　　黄　涛　黄勇平　荐志强　黎晓天　李春荣
　　　　李庆双　李晓超　刘　芳　罗干坤　潘金山
　　　　邱瑞玲　任　虹　谭英耀　王燕芳　吴景立
　　　　徐翠丰　许俊卿　杨德胜　杨东华　余立人
　　　　岳　辉　张斯虹　张远权　郑　平　龚　婕
　　　　黄涵梓　黄　婧　梁洁瑜　刘　佳　潘云智
　　　　万海峰　王　帅　殷　敏　张宝铸　周　昀
　　　　卓　猛

本书编委会

主　编： 陈保瑜　樊艳芬
执行主编： 徐艺达　姚德生　伏　进

前 言

顶尖课外学术竞赛是指具有重要的国际国内影响，得到学术同行广泛认同，参与竞赛的成员均来自国际国内一流高校或专业学科排名前列的大学同行的专业竞赛活动。内容主要包括与专业紧密相关的课外科技创新创意类竞赛，围绕学术发展前沿观点的展示、辩论等竞赛，贴近职业环境与强度的技能模拟竞赛，以及其他形式的竞赛，等等。

中山大学自2012年起，对顶尖课外学术竞赛展开重点支持，在引导学生建立崇尚学术氛围的基础上，逐步建立起师生课外交流合作的长效机制，不断拓展学生课外实践的深度和广度，提高大学生的学术水平和实践能力。目前，中山大学已有28个项目获得顶尖课外学术竞赛立项，涵盖文、理、医、工各学科。其中，全国大学生管理决策模拟大赛、德勤税务精英挑战赛、全国"花旗杯"金融与信息技术应用大赛、国际遗传工程机器设计竞赛（IGEM）和中国机器人大赛暨RoboCup公开赛等赛事，经过师生的共同努力，逐步打造成中山大学的顶尖课外学术竞赛品牌项目，硕果累累。

本书挑选的20个顶尖课外学术竞赛项目，均在业内影响力显著，能引起国内外相关机构和教育部门的高度关注，能得到社会的大力支持和积极响应，参赛获奖团队或个人能得到学科或业界的高度认可。本书的介绍内容涵盖了各个竞赛项目的背景介

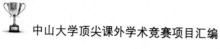

绍、组织实施、成果展示等各个方面，为后续的顶尖学术竞赛项目提供了参照，同时搭建了平台，加强了各项目间的相互交流和思维碰撞，全方位地展现了中大学子学以致用、勇于担当、争创一流的领袖气质。

　　中大学子勤学苦练，精诚合作，在各大竞技场上意气风发、屡创佳绩。无论是学术竞赛项目的影响力、业界评价，还是各院（系）的参赛历史、指导情况、发展潜力和工作规划，在院校二级竞赛体制的引领下，充分展现了中大学子在学术舞台上的自信、睿智与进取，是中山大学学科竞赛水平的重要体现。"博学、审问、慎思、明辨、笃行"，中大精神，薪火相传。未来，我们必将开拓进取，勇攀高峰，坚决贯彻学校"十三五"规划提出的"德才兼备、领袖气质、家国情怀"十二字学生培养方针，为建设世界一流大学不断添砖加瓦，助力"中大梦"美好愿景早日实现。

编　者
2015 年 10 月

目 录

人文社科篇

德才并进，税务精英勤学苦练专业行
　　——管理学院德勤税务精英挑战赛 …………………… 3
狩猎梦想
　　——国际商学院 ACCA 全国就业力大比拼 …………… 8
从商有道
　　——岭南学院全国大学生管理决策模拟大赛 ………… 13
理法践行，律音飞扬
　　——法学院"理律杯"全国高校模拟法庭竞赛 ……… 19
善策划，懂管理，会传播
　　——传播与设计学院中国大学生公共关系策划大赛 … 27
口口相传，译译生辉
　　——翻译学院口译大赛 ………………………………… 32
品玄妙于谜案，战思辨于实践
　　——哲学系校园探秘逻辑推理大赛 …………………… 38
从实以求知
　　——社会学与人类学学院"社人聚焦"社会调研大赛 … 45
对话专家，成就青年
　　——旅游学院 PATA 中国青年旅游专家挑战赛 ……… 51

理工科篇

以竞赛促学习，借专业助科普
　　——海洋学院"海洋知识竞赛" ……………………… 59
数学建模，领跑学术
　　——数学与计算科学学院数学建模竞赛训练营 ……… 64

1

ALL FOR ONE, ONE FOR ALL
　　——生命科学学院 IGEM 项目 ·················· 70
学以致用，务实创新
　　——物理科学与工程技术学院 Altera 亚洲创新设计
　　大赛 ··· 79
规划，让城市更美好
　　——地理科学与规划学院全国高等学校城乡规划专业
　　竞赛 ··· 85
智能先锋，机器大赛
　　——信息科学与技术学院中国机器人大赛暨 RoboCup
　　公开赛 ··· 93
创意改变世界
　　——工学院全国大学生创意创业大赛 ············ 98
金融 IT 第一步
　　——软件学院"花旗杯"金融与信息技术应用大赛 ··· 103
CHEM IS TRY, WE FLY HIGH
　　——化学与化学工程学院"雏鹰计划" ············ 108

医科篇

魅力药学，赛出精彩
　　——中山大学药学实验技能大赛 ·················· 119
学以致用，展杏林风
　　——中山医学院医科技能水平大赛 ················ 125

后记 ··· 131

人文社科篇

除了知识和学问之外,世上没有任何其他力量能在人的精神和心灵中,在人的思想、想象、见解和信仰中建立起统治和权威。

——弗朗西斯·培根

德才并进，税务精英勤学苦练专业行
——管理学院德勤税务精英挑战赛

管理学院　胡馨慧

一、项目背景

在专业服务日渐精进的社会大背景下，一方面是社会对专业人才的需求与日俱增，另一方面是大学生就业难、就业压力持续增大。如何在大学培养专业人才？这需要对学生在学校教育阶段的指导更有专业性、针对性。

在这样的大环境要求下，2004年，颇具专业特色的学术竞赛——德勤税务精英挑战赛应运而生，每年吸引了来自全国各地财税相关专业的学生投入其中。

二、项目概要

德勤税务精英挑战赛由个案分析及竞答比赛与论文大赛组成，是上海德勤税务师事务所及德勤税务研究学会为中国大陆、香港特别行政区、澳门特别行政区及台湾地区的本科生举办的一项税务比赛。

德勤税务精英挑战赛自创办以来，始终致力于培育税务专业人才、推动税务教育发展并发挥辐射效应，在力所能及的范围内帮助社会各界获得与时俱进的税务认知。而今，德勤税务精英挑战赛已走过 10 个年头，比赛的内容与时俱进，推陈出新，为培养德才兼备的税务人才提供更为广阔和多样的平台。

德勤税务精英挑战赛中，个案分析及竞答比赛以团队为单位参加，分为个案分析环节与税务综合竞答环节两个部分，比赛环环相扣，异彩纷呈。

个案分析环节包括在仿真的企业环境下探讨相关税务问题和寻找税务安排的机会，在全国决赛时需在评审团前作口头报告；而在税务综合竞答环节，参赛队伍则须现场回答有关法规知识及实务情景的题目。

比赛的内容涉及中国现行的各项税种及相关税收法规，香港、澳门及台湾分赛区会涉及当地的税种及税收法规。意在通过比赛的形式，让大学生见识商业市场的真实情况，提高大学生的分析能力、掌握表达技巧及培养专业的判断力，增强大学生的税务知识及研习税务的兴趣，促进税务课程的发展，同时培育税务专业人才。

三、组织实施

作为专业性质较强的比赛，筹备组对整个比赛的筹办、进行过程的设计也非常严谨科学。

德勤税务精英挑战赛每年 6 月份报名，7—10 月完成备战和分组赛选拔，一般会在当年的 10 月份展开全国赛（见图 1）。

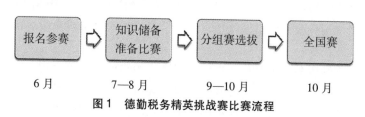

图 1　德勤税务精英挑战赛比赛流程

德勤税务精英挑战赛之所以荣膺顶级赛事，在于其在"德才并进傲税界，勤慧共举驰新风"的理念下，所形成的比赛突出的三大特点——专业、权威、卓越。

从专业方面来讲，中山大学管理学院德勤税务精英挑战赛的带队教练宋小宁老师说："这项竞赛有别于普通学业竞赛的地方在于它极具专业性，专注于运用税务知识来解决商业世界里的真实问题。现实中这些商业案例的咨询费可达百万之巨，通常由德勤合伙人、经理和咨询团队合作完成，在比赛时却要求四个本科生合作完成，对于参赛的学生来说是极大的挑战，且参赛者必须正确回答90%以上的考题，才有可能进入前三甲，学生的专业参赛能力至少相当于在四大会计师事务所工作一年以上的专业人士。"由于比赛主办方的专业性、比赛内容与商学院的专业紧密相连，整个比赛的专业程度不容小觑。

因为德勤税务精英挑战赛的专业性特点，所以赛事的推广活动主要针对专业对口的学院进行，也兼收非税务专业的同学加入。以中山大学为例，德勤税务精英挑战赛的主力队员大多来自管理学院会计学系、财务与投资学系，以及岭南学院的财政税务系，在一定专业的基础之上，更容易上升高度，拔得头筹。

走过10年岁月的德勤税务精英挑战赛，拥有日益完善的比赛流程、日益强劲的参赛队伍，使得赛事项目穿越时间，成为经典，具备非常好的品牌效应。

只有公平公正的比赛，才能够经久不衰，成为经典的赛事项目。专业比赛的公正性，就体现为评判在业界的权威性。德勤税务精英挑战赛的全国比赛评审团由高级税务官员、企业代表，以及德勤合伙人和经理组成，并拥有最终评审权。评委将根据各参赛队伍在比赛过程中所展现的辨析能力、理解能力、专业知识、文字表述与口头表达等方面综合评定出比赛的优胜队伍。评审人员均为业内资深人士，对案例既有独到见地，也有实战经验，这样的评判之下的比赛颇具权威性。

每一年的德勤税务精英挑战赛都是异常的紧张激烈，来自中国大陆和港澳台地区的包括北京大学、清华大学、香港大学、复旦大学等近70所著名大学将同台竞争。面对这场竞争规模和比赛级别都罕见的精英选拔赛，追求卓越，是每一支著名大学代表队的核心竞争信念。

四、项目成果

中山大学代表队在德勤税务精英挑战赛中成绩斐然，2004年、2005年分别荣获亚军和冠军，2011—2014年更是连续4年跻身前三甲（见表1），中山大学和中大学子因之给业界留下了深刻的印象，受到四大会计师事务所及各级税务部门的高度评价和赞赏，为中山大学税法教育赢得了良好的口碑和声誉。

表1　历年德勤税务精英中山大学代表队所获成绩

年份	2004	2005	2006	2007	2008	2009	2010	2011	2012	2013	2014
成绩	亚军	冠军	优异奖	优异奖	-	-	-	亚军	季军	季军	季军

这个比赛，也能给参与其中的选手们带来深远的人生影响。据现任带队教练宋小宁介绍："队员们收获的远不止是税务专业知识，还从中学会了如何思考判断、如何反思反省，相互间如何合作与信任，特别是学会了感恩、包容和勇于担当，以及巨大的荣誉感。比赛对同学们的影响很大，参赛同学在日后工作中的表现均相当出色。首届队员中有一名32岁就担任了广发证券的副总裁，还有同学成长为四大会计师事务所的高级经理，不少同学都拿到了著名企业的录用通知。"

有参赛的同学如是感慨："这是一个专业性很强的比赛，能参加这样的比赛，我觉得自己很幸运，但幸运的背后，更多的则是压力。"在漫长又短暂的培训过程中，迅速地扩充自己的专业背景，增强自己的专业能力，才能在赛场上纵情驰骋。

五、结语

专业、权威而卓越的顶级赛事，为中山大学的莘莘学子带来了不可多得的锻炼机会。备战专业比赛的过程，也是一个督促自己更好更快成长的过程。这样的顶级赛事，将会为更多的学子带来前所未有的见识与飞跃。

期待着中山大学的莘莘学子，能在德勤税务精英挑战赛中再获佳绩，屡创新高！

中山大学顶尖课外学术竞赛项目汇编

狩 猎 梦 想

——国际商学院 ACCA 全国就业力大比拼

国际商学院　宁心怡

一、项目背景

ACCA 全国就业力大比拼（ACCA Job Hunting Competition）是由特许公认会计师公会（ACCA）主办，并以英国剑桥大学 ESOL 考试部、英国大使馆文化教育处、四大会计师事务所为合作伙伴，旨在提升大学生就业实力的全国性财经类赛事。ACCA 全国就业力大比拼以高度贴近商业社会现实、全面提升选手综合就业能力而著称，至今已经连续成功举办 11 年，每年都吸引大量优秀大学生参与，已经成为具有广泛影响力的校园盛事。

国际商学院于 2010 年与 ACCA 合作开设全日制本科 ACCA 成建制班，协力培养具备国际视野的高级会计专业人才，在培养学生会计方面的知识技能的同时非常注重挖掘学生潜力，为提升其就业能力给予积极的指导。自 2012 年国际商学院学生首次参加 ACCA 就业力大比拼起，4 年来，国际商学院对本项目给予了高度重视和支持，积极组织学生参赛并给予专业指导。

二、竞赛目的与意义

ACCA 全国就业力大比拼作为一项全国性的财经类赛事，意在培养财会精英,并推动企业的可持续发展。竞赛专注于为企业培养和甄选未来财会金融人才,让雇主更高效地为财务部门招聘到合适的实习生,通过一系列的笔试、校园面试、就业力训练营和与知名企业互动等活动环节,参赛大学生能够获得有益的职业规划指导,提高自身就业能力。自项目开展以来,每年都有包括四大会计师事务所在内的著名外资企业作为合作伙伴,通过赛事遴选出优秀的大学生到企业实习。ACCA全国就业力大比拼逐渐成为企业雇主和同学的一个交流沟通桥梁,在帮助大学生提升就业能力的同时,让大学生更清晰地了解自己,更好地把握雇主的要求,在迈入社会职场之前做好全方位的知识技能及职业心态准备。目前,此项活动被越来越多地受到学生、老师及雇主的认可,并且成为高校中最热门的就业类竞赛活动之一。

三、组织实施

(一)竞赛形式

ACCA全国就业力大比拼每年四月份在北京、上海、广州、香港几大城市举行,比赛分为网上申请、SHL逻辑测试、半决赛、总决赛四个阶段。

(二)团队组成

自2012年起,参加此项赛事的团队成员包括大学二年级及以上ACCA成建制班学生以及课外修读ACCA的在校本科生和研究生。在成建制班的支持和影响下,国际商学院每年有数十位同学积极组队投身此项赛事。

(三)专业指导

国际商学院与中博诚通ACCA培训机构合作,师资力量包括院内外数位具有中国注册会计师、特许会计师资格的会计类资深专业人才，给予同学们培训指导和建议。

（四）组织过程

初赛前，国际商学院会组织 ACCA 成建制班学生参加 SHL 的逻辑测试，熟悉该考试的逻辑框架，并通过多次训练逐步提升准确度。

近几年，国际商学院学生社团也积极参与到 ACCA 就业力大比拼的备战中，为学院学生参加此赛事提供支持。职业拓展协会在 ACCA 全国就业力大比拼赛前举办 ACCA 院内热身赛，模拟 ACCA 全国就业力大比拼的整体赛制，包括训练营培训以及模拟面试、逻辑测试、案例分析等环节的考核，由学院资深的会计专业老师担任评委进行指导，帮助学生了解具体赛程与考试可能涉及的内容。ACCA 院内热身赛的开展进一步带动了学生参加竞赛的积极性，有意向报名参加全国赛的同学可以在院内赛时提前联系同学，组建好参赛小组、熟悉比赛流程、尽早培养起团队间的合作能力，先人一步做足准备，在随后的 ACCA 全国就业力大比拼中能够更加游刃有余。

全国赛的半决赛和总决赛前，ACCA 成建制班系统的学习和培训使学生掌握了案例分析所需的知识技能，并在赛前接受了专门的培训指导，让学生能够有针对性地解决赛事有可能遇到的专业问题。

除此之外，国际商学院长期开设的职业规划课程配套给予学生足够的面试技能技巧，为学生在大赛中展现出较强的竞争力打下基础，提升其进入优秀的企业实习或就业的能力。

人文社科篇

四、项目成果

ACCA 全国就业力大比拼自 2004 年开办以来，共有数万名学生参加比赛并通过比赛走向了 200 多个国内外大型企业的实习或就业岗位。国际商学院开设 ACCA 成建制班以来，每年均有 60 人左右为此成建制班学生，参赛规模每年均可达数十人，保证了此项赛事在国际商学院的持续进行。

在 2012 年的 ACCA 全国就业力大比拼赛事中，国际商学院首次参赛即有数十位大二学生进入华南赛区的半决赛，最终获得一人（王辉宏）赛区亚军、三人（王辉宏、黄晓喻、李馨悦）进入赛区前 20 名的好成绩。同时，亚军获得者（王辉宏）代表华南赛区参加在香港举办的全国总决赛，最终获得最佳团队的好成绩。在 2014 年 ACCA 全国就业力大比拼华南区半决赛中，张烨琳、叶栩等同学代表国际商学院获得华南赛区第一名的好成绩，并有两支队伍从 41 支队伍中脱颖而出，成功入围华南区决赛六强。

五、小结

ACCA 全国就业力大比拼是一场双赢的赛事，雇主和参赛者通过比赛均受益良多。尤其对于参赛者来说，ACCA 全国就业力大比拼让更多的大学生较早地了解怎样才可以在毕业时顺利地由学生过渡到职场新人，以健康的职业心态步入职场，充分发挥个

图 1　2012 年华南赛区亚军王辉宏同学发表的感言

人所长，找到适合自己的职业发展方向。比赛的胜出者能够收获众多名企的实习或工作机会，但它绝不仅仅是一个猎职比赛，它帮助参赛者提高自身的就业能力，成功迈出职业生涯的第一步，所收获的远比一场比赛要多得多。正如国际商学院参赛者王辉宏的感受："狩猎的并不是简简单单的一份 Job，而是帮助你去认清、去追寻进入千千万万份 Jobs 所需的共同品质和技巧。"（见图 1）Job Hunting，狩猎更多的机会，狩猎更远的梦想，值得越来越多的同学参与其中、迸发激情。

图 2　2014 年华南区决赛国际商学院队伍英文案例展示

人文社科篇

从商有道

——岭南学院全国大学生管理决策模拟大赛

岭南学院　范佳琳

一、项目概况——企业模拟

全国大学生管理决策模拟大赛由高等学校国家级实验教学示范中心（以下简称"示范中心"）联席会主办，由北京大学、清华大学等20多所高校协办。自首次开办以来，得到了上百所高校的积极响应，上万支队伍踊跃报名。为此，示范中心联席会在成功举办前五届全国大学生管理决策模拟大赛的基础上，决定继续举办2014年全国大学生管理决策模拟大赛。

大赛以"商道"企业经营模拟系统平台为基础竞技平台，比赛中，学生有机会扮演总经理以及生产、市场、财务、人力资源等部门的高级管理人员，根据现代企业管理知识，对该公司每年的经营作出一系列决策，并与其他学生扮演的虚拟公司竞争。决策涉及企业发展的各个方面，同时穿插着金融、贸易、会计、期货、投资、电子商务等众多学科的知识点，最大限度地模拟一个公司在国际化市场竞争条件下的真实运作状况。

大赛分为校内预赛、大区复赛、全国半决赛和全国总决赛四个阶段。中山大学校内选拔赛由中山大学岭南学院学生会组织，经过激烈的竞争，选拔出10支最优秀的队伍进入大区复赛，而后由中山大学经济管理实验教学中心为其提供专业的指导，竭力在后续赛事中过五关斩六将,为学校争光。

二、项目实施——从商有道

(一)报名阶段

2014年的大赛报名始于4月,各校区各学院的本科生、研究生和MBA学员均可报名参加,三人一组,自由组合。此间,岭南学院学生会积极联络管理学院、工学院、国际商学院、旅游学院、地理科学与规划学院等院(系)学生会主席,共同进行初赛宣传,并取得了不错的宣传效果,最终以一场精彩的宣讲会结束报名。最终,来自南校区、东校区及珠海校区三个校区的岭南学院、管理学院、国际商学院、旅游学院、地理科学与规划学院五个学院共计150多支队伍报名参赛。

(二)校内预赛

校内预赛流程见表1所示,图1、图2为校内预赛现场。

表1 校内预赛流程

时间	2014.4.23—4.24	2014.4.28—4.29	2014.5.10—5.11
阶段	三校区热身赛	正式初赛	三校区决赛
主要内容	1. 每天3轮,共6轮 2. 旨在让所有参赛队伍熟悉软件操作和比赛规则	1. 每天3轮,共6轮 2. 在每个节点前上传决策,根据公司最终的销售收入、每股收益、投资回报率、债券评级、股票市值、战略评分六大要素自动评分,决出前三十强	1. 第一天6轮,以同样方式决出前十强 2. 第二天6轮,以同样方式决出冠亚季军

图1　岭南学院物流工程与管理系副教授张宏斌老师为参赛团队解答疑问

图2　前三十强在林护堂进行企业运营决策

（三）后续赛事

脱颖而出的决赛十强将有资格由岭南学院物流工程与管理系副教授张宏斌老师亲自带领并指导，代表中山大学参与全国大学生管理决策模拟大赛的大区复赛及后期赛事。

三、项目效果——学以致用

自2009年第一届全国大学生管理决策模拟大赛举办以来，该比赛受到了同学们的广泛关注和好评。

全国大学生管理决策模拟大赛为学生打造了一个展示自身实力、提高决策能力的平台，既能引发学生对企业经营的兴趣，为将来的创业与就业打下基础，也能有效促进学生分析问题、全面思考问题的能力培养，使学生在实践中深入掌握和运用企业经营管理及决策知识，提高学生创业与就业的实践能力。

2014年校区得奖者之一黄同学说："全国大学生管理决策模拟大赛让我有机会将过去所学的战略管理、市场营销、公司治理等方面的知识用于实践，我与队友一同剖析企业运营的过程，对自己企业每个虚拟年度的经营作出一系列的决策，与其他队伍的虚拟企业竞争。每次决策都惊险刺激，但我们也从中得到了锻炼。"

四、项目成绩——硕果累累

在历届全国大学生管理决策模拟大赛中，中山大学多次斩获佳绩，如表2所示。图3、图4为参赛队伍获奖时的合影。

表2　中山大学2009—2011年获奖队伍及奖项

年份	获奖队伍	所获奖项
2009	"TNK"、"Uwin"、"印诺"、"勇气"、"富甲天下"、"小广闯天涯"	3支队伍荣获一等奖，另3支队伍荣获二等奖，中山大学获得优秀组织奖
2010	"BAG"、"Lsh"	"BAG"团队队长乐浩坤作为代表发言，2支队伍荣获全国一等奖，中山大学获得"最坚忍不拔奖"
2011	"中产阶级"、"无法代表"	2支队伍荣获全国二等奖

图3　2011年"中产阶级"队在大赛中荣获全国二等奖

图4　2011年"无法代表"队在大赛中荣获全国二等奖

五、结语

战场是虚拟的，但战火是真实的。大学生管理决策模拟大赛让同学们提前进入了社会，在实践过程中运用自身思维体验企业经营，和小伙伴们一道分析问题、发现机遇、制定决策。大学生管理决策模拟大赛让同学们既体验了企业运营的惊心动魄，也从中感受到了"道"的奥妙——团队协作、随机应变、目光长远。

感谢大赛带来的从商之道，相信我们能用满满的激情和熊熊的战火，让全国大学生管理决策模拟大赛薪火相传！

理法践行，律音飞扬
——法学院"理律杯"全国高校模拟法庭竞赛

法学院　林　艺

一、背景意义

（一）赛事简介

"理律杯"全国高校模拟法庭竞赛，由清华大学法学院主办、台湾理律文教基金会和台湾理律法律事务所协办，始于2003年，于每年12月在清华大学法学院举行。参赛的成员单位囊括了北京大学法学院、清华大学法学院等国内一流大学的法学院，比赛的裁判也全部是国内法律界的权威人士。"理律杯"集书状写作和法庭辩论于一体的竞赛形式，比一般的辩论赛具有更强的专业性，更加注重对法学生专业实践能力的培养，同时促进各法学院校之间的学术交流。当前，"理律杯"已成为我国法学专业领域最顶尖的全国性课外学术赛事。

（二）赛事意义

"理律杯"契合了中山大学法学院在法学实践教学方面的宗旨与目标，即：培养"应用性、复合型、融通性、国际化"的高素质创新法学人才。中山大学法学院作为从第三届"理律杯"全国高校模拟法庭竞赛延续到第十二届的老牌参赛队伍，已使该竞赛成为法学院实践教学的重要载体和传统品牌活动，成为中山大学"卓越法律人才培养计划"的重要组成部分。中山大学法学院以中山大学法学实验教学中心、中山大学法学院法律诊所为实践平台,鼓励学生积极参加模拟法庭竞赛,注重培育、加强全体法科学生的法学素养、法律思维、法庭辩论能力、文书写作能力及创新精神,全面展示、检验法学院法学教育的实力与实验教学的成果,让优秀的学生更加优秀。

二、组织实施

中山大学法学院参加"理律杯"的精英化组织过程,主要分为三个阶段,每个阶段都呈现出不同的特点。

(一)第一阶段:精英选拔

第一,学院高度重视,为模拟法庭竞赛提供充足的经济支持。为保证模拟法庭竞赛的经费充足,中山大学法学院严格按照现有财务制度要求,经学院党政联席会讨论决定,每年从本科生教学经费中拨出相应钱款,并专项专用,涵盖了参赛所需要的书本费、印刷费,以及学生的服装费、交通费、餐饮费等。费用充足且提前到位,保证学生从参加集训之日起,后勤保障便已完备。

第二,学院领导亲自参与带队,并高度重视指导老师的选派。中山大学法学院根据"理律杯"的类型与特点,在优秀的专业老师中选派指导老师组成导师组,对参赛学生提供专业指导。例如,在2014年的"理律杯"比赛中,参赛队伍的专业导师组包括擅长博弈论的丁利副院长、擅长刑事诉讼法学的郭天武老师、擅长刑法学的庄劲老师、擅长现场辩论的贾晓华老师等。各位老师结合自身专长,为学生的前期书状准备、庭辩培训提供相应的建议。为保证比赛的顺利开展,贾晓华老师也同时统筹培训至比赛期间学生的相关事务，协调经费支出等多项活动。

第三，全院动员，选拔优秀参赛学生。在学院领导的指导与支持下，中山大学法学院模拟法庭论辩队于2013年1月正式成立。自成立后，论辩队先后三次面向全院学生公开选拔论辩队队员。平时，论辩队成员会接受模拟法庭竞赛技巧的培训。赛题公布后，筹备组会再次发布选拔通知，让论辩队成员与其他符合条件的同学公平争夺参赛机会。经过书状写作及面试选拔，最终确定参赛入选名单，以保证确有实力的同学可以脱颖而出。

（二）第二阶段：精英培训

在总结往届参赛经验后，中山大学法学院对全国高校模拟法庭竞赛参赛队员的培训日趋多元与规范化。自组建模拟法庭论辩队以来，中山大学法学院会在每学期完成至少七个课时的教授任务，使学生更为清晰地了解学生模拟法庭的流程并掌握全国高校模拟法庭竞赛所需的基本知识及技巧。为保证教授任务的完成，中山大学法学院制定了详细的课程计划，准备了充分的课程教授材料，同时也会积极借用现有的课程安排，对学生进行相应技能的训练。

具体而言，培训阶段可分为赛题公布前与赛题公布后，赛题公布前主要是以下三部分的培训：

第一，学术规范的养成。中山大学法学院会结合每年定期举行的论文大赛加强对学生学术规范的培训。同时以硕士生毕业论文的要求对本科生进行学术写作的训练，使学生自觉养成学术规范习惯。

第二，实务思维的训练。中山大学法学院现开设有模拟法庭课程和法律诊所课程。同时，法学院组织学生前往法院旁听案件，使学生了解实务；并在大二暑假安排学生前往法院、检察院等地实习，使学生进一步了解实务。

第三，模拟法庭优秀书状的学习。在暑假期间，中山大学法学院会组织有意向参加本届全国高校模拟法庭竞赛的同学学习前几届的优秀书状，并撰写心得。同时，寻找一个具有争议的案例，建议学生自己书写书状，并邀请学院相关专业老师进行点评。

而在赛题公布后，中山大学法学院对学生的辅导培训又分为三个部分：

第一，学术辅导。在学生通读案例之后，法学院组织相关专业老师定期或不定期地到学生培训地点答疑解惑，并对学生书写的书状进行点评。导师们会随着比赛进程的不断深入，安排为学生答疑解惑的时间，并对学生每次完成的书状稿件进行不间断的完善修改。

第二，辩论技巧的培训。筹备组邀请具有丰富实务经验及辩论经验的老师对参赛学生进行辩论技巧的培训。培训内容主要包括基本功练习及结合案例进行的针对性练习，并要求相关专业老师至少全程参与学生模拟辩论三次，指导老师至少保证每星期一次地参与学生模拟辩论，保证对学生的辩论给予足够的指导。

第三，依托于国家法学教学实验中心，组织学生培训。法学院现有一处国家级法学实验教学中心，该中心拥有模拟法庭、模拟仲裁庭等基地。学生日常可在此接受培训，同时在模拟比赛阶段也可借助该中心的活动场地进行模拟。同时，参赛队伍的行政指导老师在比赛之前即制定了比赛时间表以及集训学生的作息时间表，并时时督促学生严格按照比赛时间表及作息时间表执行比赛计划，保证高效完成比赛任务。

（三）第三阶段：精英竞赛

为保证比赛的顺利进行，维护竞赛现场的秩序，在准备比赛阶段，法学院对参赛学生提出如下要求：

第一,遵守比赛纪律,严禁出现顶撞评委及其他老师的行为。

第二,认真比赛,不得中途退赛。

第三,恪守预备法律人的职业操守,尊重对方队友及全体参赛人员,在竞赛现场要保持十足的精神面貌和良好的心理状态。

同时,为保证现场的整齐划一,法学院为所有参赛学生统一购置参赛服装,并要求指导老师全程跟踪比赛,全程负责学生在京比赛的生活起居及比赛秩序管理。严格的纪律规范使法学院的参赛学生在整个赛程中都保持着良好的精神风貌,充分展现中大学子的奕奕神采。

三、项目成果

在历次参赛中,法学院均获得了良好的成绩,积累了相对丰富的参赛经验,为日后参赛打下了良好的基础,更有多位参赛学生荣获"优秀辩手"称号(见表1)。2014年度,中山大学法学院代表队(见图1)再获佳绩,勇闯八强,其突出表现获得了评委和主办方的高度评价。中山大学也是连续3年进入"理律杯"比赛八强的唯一一所综合类高校!

表1 中山大学法学院历届获奖情况一览

时间	中山大学法学院获奖情况
2004年(第二届)	队员王颖欣获"优良辩手"荣誉称号
2005年(第三届)	获"最佳答辩状"奖和"最佳申请书"奖;队员李博雅获"优良辩手"荣誉称号
2006年(第四届)	获一等奖第四名,队员贾晓华获"优良辩手"称号

续上表

时间	中山大学法学院获奖情况
2010年（第八届）	队员吕羽晶获"优良辩手"称号
2011年（第九届）	队员韩林平获"优良辩手"称号
2012年（第十届）	获得团体八强
2013年（第十一届）	获得团队季军；队员李苗洁获"优良辩手"称号
2014年（第十二届）	获得团体八强；队员李江获"优良辩手"称号

图1 2014年中山大学法学院参赛队员风采

自中山大学法学院模拟法庭论辩队建立以来，就给予低年级的学生提前接触此类竞赛的机会，除"理律杯"外，还积极参加全省乃至全国大学生模拟法庭竞赛，让法学院更多学生于庭辩实践中求得法学真理，也充分体现了法学院对拔尖学生一以贯之的培养理念的成功实践。

以下为部分学生感言：

人文社科篇

"理律杯"使我们丰富了专业知识，拓展了视野。这种经历，使我深深明白经济生活的复杂多变，法律人除了掌握最基本的法理，还需要不断地更新和扩充自己的知识范围，视界越广，往往越能找到对案件有利的法律依据。同时，我们还挣脱了从事实找法律的单一思维顺序，而变成从事实找法律再结合法律提炼有用的法律事实的思维逻辑。这种方式，使我们在处理案件的过程中游刃有余；在庭辩过程里，也会充分利用时间，讲法官和仲裁员愿意听到的法律事实，而不再浪费时间于事实的罗列和法条的解释。相信这种技能对未来我们从业会有十分积极的影响。

——吕羽晶

在这个过程中，我们的逻辑思维能力、语言表达能力、运用法律解决实际问题的能力以及言谈举止的气质等各方面素质均得到了很大程度的锻炼与提升。

——韩林平

"理律杯"为发现、培养出色的法律人才提供了广阔的舞台，而这一舞台也让我们懂得自己还需要历练很久、成长很多。模拟法庭竞赛不仅仅只是一场模拟，它更教会我们真正去关注实务，从模拟中感悟真实，在汲取法学知识的过程中，真正去发现自我对法律的热爱与执着！"理律杯"中面对的不仅仅是一场场激动人心的比赛，更是对法律人的考验与挑战！

——李江

四、结语

　　顶尖赛事、精英组织、卓越战绩,都使得法学院师生对"理律杯"的热情任时光荏苒不仅未曾消退,反而逐年高涨。我们希冀着,继续保持法学院往年在竞赛中所获成绩,在未来 3 年内,力争打入竞赛前四强甚至夺冠,再创佳绩,在"理律杯"的舞台上充分展现中山大学法学院优秀学生的卓越风采。

人文社科篇

善策划，懂管理，会传播
——传播与设计学院中国大学生公共关系策划大赛

传播与设计学院　刘　欣

一、赛事背景

随着中国经济的强劲增长，国际地位的不断提高，改革开放的不断深入发展，以及公共关系服务需求的不断增加，公共关系行业将大有可为。同时，伴随着公共关系行业的资本运作，更多的投资和机构进入这一服务领域，促进行业进一步发展。但是，人才问题仍然是阻碍公关行业发展的瓶颈。行业的快速发展需要更多的专业公关人才，但人才流动率过高、供需脱节等问题一直是困扰公关行业发展的重大问题。

与此同时，各高校虽然没有普遍设置公共关系专业，但在已有的高校公共关系专业教育中，公共关系作为一个学科专业的研究已形成多学科融合、内核小而外延广的独特体系，其中以中山大学为甚。中山大学将公共关系专业设置于传播与设计学院之内，以新旧媒体融合背景中的组织公共传播活动为研究对象，以政府公共关系、企业公共关系和各类社会组织的公共关系为主要发展方向，培养出了大批掌握现代传播学基础理论、懂管理、善策划、会传播，具备全媒体素养和整合沟通能力的现代应用传播人才。公共关系专业的学生掌握系统的经营管理知识，熟悉现代传播沟通理论和方法，理解现代媒体尤其是新媒体的传播规律，具备调研、策划和创意能力，掌握各种宣传技巧和沟通艺术，现在正逐渐成为公关行业的新兴力量。

因此，由中国国际公共关系协会（CIPRA）主办，现代公共关系教育科学研究所和中国国际公共关系研究中心筹备和组织，各高校协办的中国大学生公共关系策划大赛从 2006 年开始定期举办。其中，2010 年，中山大学作为东道主协办了第三届大赛（见图 1），并获得由中国国际公共关系协会颁发的最佳组织奖。

图 1　中国大学生公共关系策划大赛

二、赛事目的及意义

首先，举办中国大学生公共关系策划大赛可以吸引在读公共关系专业学生广泛参与，通过交流分享、实践策划等方式引发他们对本学科专业的深层次思考，激发学生的持续学习兴趣和专业归属感。此外，借助此次比赛的契机，搭建公共关系专业新老生交流平台，有助于在校本科生获取最鲜活的行业体验咨询，加强理论与实践的结合。

其次，举办学生系列活动也是学界与业界交流的好机会，这种交流不仅仅限于专业学者与行业领头人的对话，更是将交流范围扩大至公共关系专业学生，有助于利用他们的创造性思维，为公共关系行业发展注入新的活力。对于参赛学生来说，可以通过深入交流，获取行业信息，助力个人专业学习发展。

三、赛事组织实施

中国大学生公共关系策划大赛由中国国际公共关系协会主办，两年一次，每年都有不同的企业加入成为协办单位。只要你是全国（含港澳台地区）各高校在读学生，或是海外高校在读学生，都可以以个人或团队形式参加比赛。通过网上报名后，报名个人或团队需按照大赛给定的选题进行选择，制定策划案，最终作品通过网络在线提交至组委会，如进入决赛，则有机会到现场进行方案陈述。

中国大学生公共关系策划大赛为参赛团队设置了一二三等奖、优秀奖、入围奖；总决赛是由获一等奖的团队进行的角逐，设金、银、铜奖。

四、赛事成果

中国大学生公共关系策划大赛成功举办四届以来，中山大学传播与设计学院学生积极参与其中，并取得四连冠的骄人战绩（见表1）。

表1　中山大学取得大赛四连冠

时间	奖项	团队	代表院校	指导老师
第一届	金奖	晨星启明	中山大学	谭昆智
第二届	金奖	盖亚	中山大学	谭昆智　张宁
第三届	金奖	Sunday	中山大学	谭昆智
第四届	金奖	G.D.M	中山大学	张洁　邓理峰

2010年，中山大学作为东道主协办了第三届大赛，其中，Sunday团队获得金奖（见图2）。

图2　第三届公关策划大赛金奖队伍——中山大学Sunday团队

据第四届金奖团队学生代表、G.D.M团队成员、中山大学传播与设计学院2010级公共关系专业学生邱心分享，公关策划大赛就像一场武林大会，夺得金奖就好像当上武林盟主。"虽然我们最后不一定能成为武林盟主，但习得一身好武功，哪里不是江湖。"

五、赛事推广

比赛期间，中国公关网、中国公关网、17PR–公关关系论坛等业内专业网站对中国大学生公共关系策划大赛进行持续报道。大赛是参赛企业、专业公关公司和广大高校师生共同参与和打造公共关系专业产学研结合的平台，是高校连接社会、企业的桥梁，故在业界具有较高的影响力。

六、结语

中山大学公共传播研究所所长、广东省公共关系学会副会长廖为建教授曾说："要培养善策划、懂管理、会传播的一批综合性的公关实用人才。"中国大学生公共关系策划大赛正是为培养这样的公关人才提供的一个方式和途径，制造了公关专业学生进行实践操作的机会，对于提高公共关系的专业素质，提高学生适应社会关系的能力是非常必要的。我们相信，中国大学生公共关系策划大赛能越办越好，辐射面越来越广，能够造福越来越多的公共关系专业大学生！

口口相传，译译生辉

——翻译学院口译大赛

翻译学院　毛志珊

一、赛事背景——秉承理念，创新平台

2005 年，为了适应经济全球化和文化区域化带来的人才市场的多元需求，为了更好地解决高校外语教育中学术功能和应用功能的矛盾，学校协调了外语专业本科教育的不同方向，将部分实用功能剥离出来，创办了翻译学院。翻译学院坚持采用应用型培养模式，根据社会需要设置课程，突出培养学生的听说读写能

图1　第七届口译大赛获奖学生与工作人员合影

力，致力于培养符合市场需求的应用型语言人才。然而在校期间，学生难以在校外进行社会实践、运用所学知识，于是，在校内创造机会就成为学院重要的选择。口译大赛便应运而生（见图1）。

二、赛事简介——实战操练，巅峰对决

为了秉承学院这一建院理念，翻译学院第三届团委创办了第一届口译大赛，为翻译学院的莘莘学子创造了一个良好的实践平台，将课堂所学付诸实践。口译大赛摒弃以往英语赛事以演讲、辩论为主的格局，为参赛选手模拟口译工作的真实环境，以口译的形式综合考察学生的英汉语水平、跨文化交际能力、临场应变技能、双语转换能力等。口译是外语应用领域最具挑战性的巅峰活动之一，是广大外语学子所追求的崇高境界。为了鼓励翻译学院学子多开口，激发其学习兴趣，同时提供一个专业的平台让大家了解口译的魅力，挑选出优秀学子代表学院参加国内各大口译比赛，翻译学院每年11月均会举办此类学术竞技盛事，学院领导及专业老师均大力支持口译大赛的举办。现在口译大赛已经成功举办了七届，发展成为翻译学院的一个品牌活动，参与学子的范围也从原来的翻译系扩展到全院各系甚至整个中山大学珠海校区。

三、赛事流程——直击赛事，亲身体验

（一）名师出题，专家点评

比赛过程中的所有题目均由有多次口译经验的翻译学院老师出题，题目设计科学合理，别具匠心。初赛人机对话，只考验参赛者的口译基础，基础扎实者能顺利进入决赛。决赛模拟了真实

口译场景下可能出现的诸多"难题",比赛形式既包括考察选手听辨及提取关键信息的主旨口译,又包括互动性极强的对话口译,以及题材正式、专业性较强的会议口译。大赛得到院(系)各专业老师的高度重视,实战经验丰富的口译老师都非常乐意担任大赛评委并为大赛出谋划策。此外,翻译学院还会邀请口译届出色的专业译员莅临现场进行点评,其中就有联合国纽约总部资深同传专家、原外交部翻译室英文处资深译员陈峰教授。

(二)初赛决赛,群英荟萃

1. 初赛

初赛报名人数不限,比赛形式为人机对译,地点为翻旅大楼连传室,比赛内容包括文章主旨口译(英译中)、句子口译(中英互译)。所有选手的比赛录音将保密存档发送给大赛的评委老师,由他们选出初赛前16名的参赛选手进入决赛。

2. 决赛

决赛有三个环节:数字口译、对话口译和会议口译。决赛实行淘汰制,评委会在每一个环节针对选手本环节的表现打分,第一轮成绩排名前6位的参赛选手晋级第二轮,第二轮成绩排名前3位的选手晋级第三轮进行角逐。

(1)数字口译。

内容:选手听英文段落,进行英汉翻译,文段中含有多个数字。

结果:分数排名前6位的选手继续进行比赛。

数字口译环节时间:约30分钟。

(2)对话口译。

内容:一位外教和一位中国学生用各自的母语按设定情景进行对话。参赛选手进行对话口译(见图2)。

结果:排名前3位的选手继续进行比赛,第4、5、6名的选手获得口译大赛三等奖。

对话口译环节时间：约40分钟。

图2　赛事会议口译环节精彩一瞬

（3）会议口译。

内容：参照正式会议口译现场，选手进行四次中英文段落互译。

结果：总分数第1名的选手取得口译大赛一等奖，第2名和第3名的选手为二等奖。

会议口译环节时间：20分钟。

决赛第一个环节即数字口译环节分数不参与叠加，选手分数从第三个环节即对话口译环节开始叠加。

四、大赛成果——成绩斐然，育才无数

（一）认清自身弱点，提高个人能力

翻译学院口译大赛是对参赛者知识面和心理素质的综合考验，让他们不再仅是埋头书中、湖边浅读，而是学会灵活运用所学在实战现场展现自己最真实的水平。历届口译大赛中，都有专

业水平很高的同学被淘汰,原因是他们在赛场上心理素质不过关。也有人在其他环节的表现都很出色,可败在了某一环节。这都暴露了他们自身的弱点。而在评委点评环节,他们可以获得专业译员的宝贵建议,去弥补自身的不足,提高自身的能力。

(二)营造学术氛围,激发人心向学

口译大赛从初赛报名到决赛结束,历时约一个月,在翻译学院激起一阵学术涟漪。老师们课上鼓励学生踊跃参赛,把握这个绝佳的锻炼机会;学生们课下满怀热情,积极报名。于是每年初赛的参赛人数均超过 200 人。珠海校区内,参赛者三两成群,或在隐湖边,或在文化室,组队练习。他们不一定以冠军为目标,但是都想在赛场上展现自己最好的水准。而没有参赛的同学也会积极到决赛现场观摩学习,每年的赛场均座无虚席。

(三)大赛优秀学子,校外成绩斐然

口译大赛为翻译学院挑选出了一批优秀学生,代表学院参加校外各种口译赛事,于是国内各大口译比赛的领奖台上都不乏翻译学院学子的身影。

表 1　翻译学院优秀学子获奖概览

参赛者	口译大赛参赛成绩	国内各口译比赛参赛成绩
刘海燕	第四届翻译学院口译大赛一等奖	2013 年广东外语外贸大学"中译杯"口译大赛一等奖
黄静然	第四届翻译学院口译大赛二等奖	2013 年广东外语外贸大学"中译杯"口译大赛一等奖
范彦君	第四届翻译学院口译大赛二等奖	2012 年"中译杯"第二届全国口译大赛(英语)总决赛同声传译优秀奖

续上表

参赛者	口译大赛参赛成绩	国内各口译比赛参赛成绩
马菁雪	第四届翻译学院口译大赛二等奖	2012年"中译杯"第二届全国口译大赛（英语）总决赛同声传译优秀奖
陈羽乔	第四届翻译学院口译大赛三等奖	第二十四届"韩素音青年翻译奖"竞赛汉译英优秀奖
陈羽乔	第四届翻译学院口译大赛三等奖	全国口译大赛（英语）总决赛交替传译二等奖
许旭东	第四届翻译学院口译大赛三等奖	第五届广东大学生单一大赛口译组一等奖

五、结语——知之不行，虽敦必困

荀子有云：知之而不行，虽敦必困。学以致用应是学习的最终目标。口译大赛为外语学子提供了一个展示专业水平的舞台，我们就应该勇敢踏上去尽情地舞动自己、展现风采，如第六届口译大赛的口号所言："译"鸣惊人，"译"展所长。学者贵于行之，而不贵于知之。当知识积累到一定的程度时，将其付诸实践，才能继续前进。外语道路上，翻译学院学子从未停止走向优秀的脚步，而口译大赛也一直没有停止为他们搭建展现优秀的平台。名师打造，精心筹划，口译大赛，等着你来绽放光芒！

中山大学顶尖课外学术竞赛项目汇编

品玄妙于谜案,战思辨于实践
——哲学系校园探秘逻辑推理大赛

哲学系　林哲珣

一、背景——思之发轫

哲学"爱智慧"的形象,经千年以来智者们的塑造早已人所共知,但始终位于触不可及的高位冷眼看世界,或束于书斋不重实践。把哲学从神坛上请下来,还原哲学的生动活泼,是每个哲学人的使命。

每年 11 月第三个星期四是"世界哲学日",其目的是鼓励世界各国人民分享他们的哲学遗产,使人们更加深入地了解哲学知识,认识哲学学科。哲学日为人们提供了一个反思的机会:"我们为什么忽略思考",也为哲学系提供了一个契机,孕育了这一极有力的创制和倡导——把思考推理以赛事形式直接呈现出来。

因此,为使同学们感受、体悟哲学的魅力和内涵,集逻辑推理、定向越野、探案解密于一体的校园探秘逻辑推理大赛于每年 11 月至 12 月举行,作为哲学月的重要组成部分贯穿全月。2006 年"笛卡尔密码"首届校园探秘逻辑推理大赛在珠海校区举办(见图 1),次年命名为"断案高手"的推理大赛开始在珠海校区与东校区同步举行。2011 年,比赛以"步步惊心"的身份进驻学术氛围最为浓郁的南校区(见图 2),以其学术性与趣味性引来广泛注目。2013 年更是走出中山大学,将逻辑推理大赛推向广州多所高校。至今,校园探秘逻辑推理大赛已成功举办了七届,具有较高知名度和影响力。

图1　2006年首届校园探秘推理大赛决赛现场

图2　2011年"步步惊心"南校区校园探秘推理大赛现场

二、项目简介——名师高徒

作为教育部人文社会科学重点研究基地的中山大学逻辑与认知研究所的多名资深教授出任竞赛理论指导。逻辑推理试题编制、定向越野赛点和赛制安排、推理视频文案等均在老师们的指导下，由学生自主创作完成。

校园探秘逻辑推理大赛由哲学系南校区及珠海校区执委会与团总支共同策划与组织，工作人员和参与人数达100余人。11月份的比赛，从10月初就开始投入紧张的筹备工作，除了负责统筹的核心团队之外，另设三个小组分别负责三轮淘汰赛，包括策划、宣传报名、赛题准备、场地布置等等。赛事组织工作有序而高效，哲学系学生们激情投入，时有创意发挥。

每届竞赛题目都是高品质的原创，如复赛的原创推理视频剧本的制作历时一个月，经10余次的修改，由学生自导自演，利用有限的设备和资金拍出最精致、最严谨的原创推理视频，给参赛选手带来绝对真实的探案体验，而且各类宣传品和奖品同属原创设计和纯手工制作。

三、组织实施——赛之成制

二人组，三赛制，四校区，众高校，这是多届活动经验积累逐渐成形的模式。参赛选手组成二人小组，以团队协作的方式完成比赛，在各大高校同期举办初赛、复赛。在中山大学南校区举行最终决赛，各高校和中山大学四校区的参赛选手届时都会到南校区总会场参加比赛。

初赛采用闭卷笔试的形式，这是一个极为严格的筛选环节，参赛小组需要在规定的时间内完成一份百科知识推理答卷。题目范围由天文地理到人文探索，题型变化多样，结合大量推理论证元素，直接挑战参赛选手的推理能力极值。成绩排名前列的队伍通过鏖战进入复赛。

　　复赛集定向越野与密室逃脱于一体，提供模拟探案经历。每年的复赛环节都会有新的主题，例如，2014年"迷宫鼠的救赎"，将比赛置于宏大的故事背景之中。在定向越野中，选手需到访地图上所指示的各个点标，每个点都和剧情有关，最后到达一个密室，还要从密室逃出来才能"生还"，计时晋级。

　　决赛是一个答题类型晚会的舞台对决，有多轮抢答环节。最后一个回合将播放一个组织专人秘密拍摄的侦探视频，向选手交代案件的有关信息，选手必须搜集和分析视频中提供的线索去推断案件的真相，与原案件真相的接近度是决赛评分的重要标准。决赛以总分决一胜负，表现最出色的队伍将获得隆重表彰。

　　据统计，2012年的校园探秘逻辑推理大赛在中山大学举行，共有200多支队伍、500多人报名参加。2013年扩大规模在广州四所211高校同时展开，除中山大学外，还有暨南大学、华南理工大学、华南师范大学，共有800余支队伍、1700多人报名参加。2014年规模再次扩大，在广州四所高校八大校区以及位于珠海的北京师范大学香港浸会大学联合国际学院同时开展活动，最终参加初赛的人数达到2000多人。校园探秘逻辑推理大赛的辐射面已达广州和珠海多所985高校或211高校，初步形成高校学术交流竞赛联合机制，有效地促进了高校的校际交流。现将近几年校外参赛人数占全部参赛人数比例和辐射高校名单列表如下：

表1　2012—2014年参赛情况概览

年份	参赛人数	校外参赛人数	校外比例	辐 射 高 校
2012	500	140	28%	中山大学四校区
2013	1700	600	35%	中山大学、暨南大学、华南理工大学、华南师范大学
2014	2000	850	42.5%	中山大学、暨南大学、华南理工大学、华南师范大学、北京师范大学香港浸会大学联合国际学院

四、项目成果——果之硕硕

2014年12月8日晚，第七届"步步惊心"校园探秘推理大赛决赛在中山大学南校区熊德龙学生活动中心二楼隆重举办，这场决赛吸引了来自华南师范大学石牌校区、大学城校区，华南理工大学南校区、北校区以及暨南大学广州校区的观众，场面火爆，反响强烈。这场为期一个月的比赛由最初的1003组选手、2006人，到复赛密室逃脱后晋级的42组，再到筛选出最终的10组选手进入决赛，竞争十分激烈。他们分别是：1组来自中山大学南校区的"汉化组"，2组来自中山大学南校区的"洗不干净的葱队"，3组来自中山大学南校区的"还在想队"，4组来自华南师范大学的"随意队"，5组来自中山大学北校区的"无理队"，6组来自华南师范大学的"破碎钥匙队"，7组来自暨南大学的"马尔泰若曦队"，8组来自中山大学北校区的"SHERLOCKED队"，9组来自中山大学珠海校区的"这不是队"，10组来自华南理工大学的"x + g队"。

除了观众群庞大以外，该届"步步惊心"的评委阵容强大，他们是：中山大学哲学系教授、博士生导师、逻辑与认知研究所副所长熊明辉教授，哲学系逻辑与认知研究所文学锋副教授，哲学系逻辑与认知研究所崔建英老师。此外，出席决赛的嘉宾还有中山大学工学院访问学者、美国加州大学长堤分校叶先扬教授，哲学系党总支王燕芳副书记，人事处司飞老师，哲学系团委徐侨妹代书记，哲学系团委邓志宏副书记。

赛后，工作人员对参赛的选手进行采访并收集意见和建议。选手们纷纷表示，参加该类型的逻辑推理大赛能够在竞赛全程体验到非常鲜明的特色，如学术性、时代性和哲思性。初赛开卷试题中处处体现逻辑推理及哲学分析，在经典逻辑推理题的基础上经过创意改编后，保持学术严谨性的同时更富趣味性，同时，在全程赛事中持续增补新的逻辑学知识，能够多方位激发选手们的学习能力与适应能力。比赛形式多元且持续创新，将定向越野、密室逃脱与探案紧密结合，身心紧张感凸显，带来全感官体验。每一个参赛者与哲学逻辑亲密接触的时候，能感受到自己正在进行高层次的哲学思考，对哲学求真理、爱智慧的精神有所领悟。

同时，校园探秘逻辑推理大赛对于哲学系同学们来说也是难能可贵的锻炼提高自身综合素质的机会。哲学系校园探秘逻辑推理大赛依托哲学系专业背景，建成锻炼中大学子逻辑推理能力的平台。对于哲学系学生来说，策划组织能力得以提升，知识能够学以致用，在引导他人进行哲学思考时培养了专业素养和价值认同；对于非哲学系学生来说，寓学于乐，在分享生活哲学之余，还锻炼了逻辑思维能力。凡此种种，较好地达成哲学系"锻炼学生推理思维、思辨能力"的育人目标。

五、经验总结

校园探秘逻辑推理大赛诞生以来，面对挑战，我们勇往直前，戮力同心，为普及智慧知识、锻炼逻辑思维、提高人文素养而自觉实践。相比其他竞赛活动，我们更加关注人的精神面貌与价值塑造，逐年壮大并蕴藏着惊人的影响力。

面对发展，我们拒绝平庸，打破定式，结合哲学系背景和逻辑学专业特色，以"引领学术创新"作为校园探秘逻辑推理大赛的主题，开展具有学术创新的学生活动，营造浓郁的学术氛围，为地区性乃至全国性学术竞赛孵化潜力选手。

从实以求知

——社会学与人类学学院"社人聚焦"社会调研大赛

社会学与人类学学院　宋靖野

一、赛事背景

作为中国南方的传统学术重镇,生长于开放包容的岭南文化之中,中山大学自创办以来便形成了"博学"与"笃行"并举,追求真理不忘服务社会的大学精神。近年来,中山大学先后提出了"大学是学术共同体"、"教授就是大学"、"善待学生"三大核心理念,并大力倡导"人心向学",更加凸显了新时期中大人对学术理想与社会责任的不懈持守与追寻。

由中山大学校团委主办、社会学与人类学学院团委承办的"社人聚焦"社会调研大赛,正是在践行"人心向学"理念的探索中诞生的一项"学术—实践"型精品赛事。自2009年至今,"社人聚焦"已成功举办五届,赛事规模和影响力逐年提升,目前已经成为一个具有较高学术水准、面向四校区、涵盖多学科的综合性社会科学调研与竞赛平台。

二、赛事简介

社会学、人类学在中国的发展已逾百年,中山大学无疑在学科史上占有举足轻重的地位。溯至民国,由周谷城等任教的国立中山大学社会学系以及云集杨庆堃等知名学者的私立岭南大学社会学系便已开岭南社会科学调查与研究之先；而藉由国立中山大学"语言历史学研究所"开启的人类学研究和田野调查传统，则更是中山大学在人文社科领域享誉海内外的一张名片。改革开放之初，中山大学于 1981 年在全国范围内率先复办人类学系，而社会学系也在同年恢复。此后，在学科规模与质量上，中山大学亦长期保持着领先水平。据教育部 2012 年学科评估高校排名结果显示，中山大学社会学一级学科位列全国第四，人类学二级学科蝉联全国第一。

组建于 2008 年的社会学与人类学学院作为中山大学最为年轻、最有活力的学院之一，也是目前南校区唯一一个拥有大量一至四年级本科学生的文科学院。这里学生骨干众多，活动积极性高，学生关注社会现实、长于社会实践与调研。基于以上学科和资源优势，2009 年，以这个年轻学院发起并命名的"社人聚焦"社会调研大赛应运而生。

从宗旨上看，"知行合一、学以致用"，既是社会学、人类学的学科精神，也是"社人聚焦"社会调研大赛自创办以来始终坚持的基本原则与理念。它不仅要求参赛团队运用社会科学的视角来审视具体的社会现象、趋势与问题，更要切身地走进乡村、社区和街道，进行实地的社会调查，近距离观察研究对象，参与体验人民群众的点滴生活。通过对具体问题的"聚焦"，大赛以期在提升参与者专业思维和社会洞察力的同时，能引导当代大学生更为积极地关注社会现实，培育他们的社会责任感。

三、赛事流程

为给参赛团队提供充分的激励和支持，"社人聚焦"逐步形成了一套系统的、科学的竞赛规则和制度。首先，长达 6 个月的赛事周期保证了参赛团队拥有充分的学习、论证和调研时间。其次，一套筛选式的"通过—淘汰"规则贯穿大赛始终：每届比赛中，经过初选，将有16支团队入围调研阶段，并开始获得一定的项目资助；基于对各自调研成果的评比，其中的8支队伍将进入决赛。而入围的团队则以现场展示的形式决出最后的优胜者，由组委会颁发证书和奖金。

多样化的培训和交流活动是"社人聚焦"的又一特色，也是大赛逐步培育起来的具有自身鲜明特色的赛事文化。这些环节的设立，使得各参赛团队在严谨的思考和艰苦的调研过程中，亦不乏良师益友的陪伴。例如，大赛启动阶段的"开幕论坛"及系列讲座，将邀请知名学者分享他们在相关"聚焦"领域的研究成果和心得，以启发研究者的思路和问题意识，搭建学生与教授互动的平台，为大赛奠定浓厚的学术氛围。又如，调研前期的"研究方法培训讲座"，将邀请社会学与人类学学院社会学、人类学的资深教授为参赛团队进行调研方法培训，让研究者能够学习问卷、访谈、参与观察和田野作业等多种社会科学调查的方法和技能，以帮助他们更好地达成研究目标。再如，大赛中期的"学术下午茶"，则会邀请各支参赛队伍与各位指导老师在轻松的下午茶氛围内面对面地交流座谈，分享调研故事与心得，探讨所遇到的问题，以更好地开展接下来的调研工作以及报告撰写。

自2013年起，"社人聚焦"在赛制上又有了许多新的改进和创新。其一是精品化，即增设前期筛选队伍的环节，进入调研环节的队伍有所减少；其二是实行导师制，各参赛队伍均有专业的老师、教授全程指导，帮助选手掌握扎实的调研方法；其三是与更大型的比赛衔接：在"社人聚焦"调研比赛中获奖的参赛队伍，将由社会学与人类学学院推荐至学校的"博学笃行"调研比赛，进而有机会参加"挑战杯"全国大学生课外学术科技作品竞赛哲学社会科学类作品的角逐。

四、项目成果

2009年以来,"社人聚焦"坚持每年举办一届,并选取当年社会发展的前沿动态作为赛事主题。5年来,"社人聚焦"社会调研大赛先后围绕"聚焦亚运"、"聚焦转型"、"聚焦珠三角"、"聚焦学术"以及"聚焦公益"等五个中心议题,开展了系列调查与讲座活动,取得了喜人的成果。

从简单的统计来看,到目前为止,"社人聚焦"已经吸引了来自四校区、18个院(系)的200多支队伍、1000多人次参赛,参与团队既包括历史学系、中文系、哲学系、管理学院、社会学与人类学学院等人文社科类院系,也包括地理科学与规划学院、工学院、岭南学院等理工类院系。从参赛作品所关注的问题来看,现有的调查已经涵盖了哲学、政治、法律、经济、医疗、环境等各个领域,其中既有对社会底层的微观调查,也有对整体形势的宏观把握;既有详尽的数据分析、扎实的民族志深描,也不乏缜密的逻辑演绎和推导。这些调研成果在形式上不拘一格,在思想上亦有建树。

在扩大视野的同时,"社人聚焦"更加注重调研成果的质量。例如,"聚焦转型"大赛的一等奖作品《从东莞积分入户政策看户籍政策对珠三角转型的影响和问题分析》经社会学与人类学学院推荐,最终荣获省级"挑战杯"一等奖。而同期"社人聚焦"二等奖作品《从商业贸易角度看跨国移民对社区发展的影响——以小北社区为例》,也荣获省级"挑战杯"二等奖。

在这些既有成绩的基础上,未来的"社人聚焦"将继续致力于团队建设和平台打造,力争成为一项具有区域性影响力的社会科学前沿赛事(见图1、图2)。

人文社科篇

图1 "社人聚集——聚集珠三角"调研活动分享会

图2 "社人聚集"决赛暨颁奖典礼现场

五、小结

"知行合一"、"学以致用"、"从实求知",这不仅是 5 年来"社人聚焦"所走过的风雨历程,也是未来大赛将继续坚持的基本原则与理念。高质量的人文社会科学研究既需要深邃的理论想象力与洞察力,也离不开脚踏实地的田野调查与问询。"社人聚焦"正努力为中大学子搭建一个走向并见证社会历史现场的开放性、竞争性平台,为中大学子弘扬学术理想、践行社会责任注入新的动力。

对话专家，成就青年

——旅游学院PATA中国青年旅游专家挑战赛

旅游学院　吴艾佳

一、赛事背景

徐霞客周游四方，留下《徐霞客游记》；马可·波罗跨越界限，成为中西方交流的典范；古代诗人李白游历大好河山，传诗后世。前赴后继的文人骚客不仅创造了一个丰富的文学史，更加反映了真实的旅游发展史。纵观中华历史数千年，出差、游学、探访亲友，旅游与民众生活紧密相关。回首今朝，随着经济高速发展，民众对于精神娱乐出现愈来愈大的需求，使得旅游行业获得发展高潮。从传统的大众跟团旅行，发展到如今的自助、半自助旅游，旅游业已然发生革命性转变。伴随业界高速发展的同时，学界的研究却一直滞后。因此，旅游精英人才的培养成为日益迫切的任务。

亚太旅游协会（PATA）是世界三大旅游组织之一，其会员涉及社会各个领域和阶层，对于地域旅行及旅游业的可持续发展发挥着不可替代的重要作用。亚太旅游协会一直致力于旅游青年人才的培养，曾举办以"未来属于那些为今天做准备的人"为主题的青年讲坛，提供给旅游届的青年才俊与旅游专家对话、交流的平台和机会，促进旅游界青年学子的长远发展。

在此背景下，2012年，亚太旅游协会首次举办中国青年旅游专家挑战赛,旨在为中国高等院校学生与产业领袖沟通对话提供平台,同时向青年学子推广和宣传"尽责旅游"(Responsible Tourism)理念。

二、赛事流程

首届PATA中国青年旅游专家挑战赛是"第二届中国旅游社会责任论坛"的一个重要组成环节,于2012年在上海举行。参赛对象涉及国内各高等院校旅游相关专业的在读专科生、本科生及硕士研究生。2012年,中山大学旅游学院选派一支精英队伍参加比赛并获得良好成绩(见图1)。

图1　2012年PATA中国青年旅游专家挑战赛颁奖

2012年PATA中国青年旅游专家挑战赛的比赛流程可总结如表1所示。

表1 2012年PATA中国青年旅游专家挑战赛比赛流程

时 间	比赛阶段	要 求
2012.10.22—11.07	初赛	1. 选手在限定主题中选择其一作为作品主题 2. 根据选定主题，设计一个切实可行的商业计划，并以视频展示（视频要求画面清晰，时长4～5分钟，并小于200M，有英文字幕）
2012.11.08—09	初赛筛选	组委会对作品进行评选，筛选出入围决赛作品
2012.11.09—16	决赛作品公众投票	决赛入围作品在优酷网接受网民投票，评选观众最喜爱奖
2012.11.16	决赛阶段	初赛排名前三的队伍参加现场展示，并接受提问

2012年比赛的主题充分反映旅游行业的发展与责任，包括如下内容：旅游模式的转变；旅游企业的可持续发展；旅游目的地的保护与开发；科技对旅游业的影响；创新旅游产品的开发；旅游业与其利益相关者的关系协调。主题充分体现大赛的宗旨，在促进青年学子能力的同时，又倡导新一代旅游人对于旅游责任、对于社会的思考。

三、项目成果

2012年首届PATA中国青年旅游专家挑战赛一经宣传，就立刻引起强烈的反响，并吸引全国10余所高校、46支队伍踊跃参加比赛（见图2）。中山大学旅游学院的三位同学倪思斯、段采邑、李灵佳的参赛作品:《低碳消费,责任旅游——"旅游碳足迹记录系统"商业计划》,富含创意,表现形式独特,展现出他们对于当代旅游现状的深刻认识和充分思考,并体现出强烈的社会责任感。

图2 旅游学院选手在决赛现场展示

最终该队伍成为当年的决赛冠军,同时凭借极高的人气,获得观众最喜爱奖。"PATA中国青年旅游专家挑战赛让我更加近距离地接触旅游、亲近旅游行业,加深了我对行业的了解",参赛队员之一李灵佳同学表示。

四、小结

行万里路亦需读万卷书,旅游业的发展已经在漫长的历史实践中摸索出相对稳定的模式和变迁。但是,随着互联网技术和移动设备的日新月异,旅游业开始脱离之前的旧有模式飞速发展,变得更加的多元化。业界的飞速发展也敦促学界不断地深入研究,年轻学子们急需扎实理论学识,丰富领域研究,并在未来的

"万里路途"中不断运用理论指导实践,不断实践摸索真理。

PATA中国青年旅游专家挑战赛无疑是这种时代背景下的一个实践,通过吸引中国众多的旅游学子参赛,向青年学子们提供一个对话前辈、对话专家的机会,提供一个学习新理念、新思想的平台,为同学们创造一个展现自我、创造奇迹的舞台。

理工科篇

在漫长的科学生涯中我所懂得的最重要的一件事就是：我们所有的科学发现与真实的物质世界相比，还是相当原始和幼稚的，但它仍然是我们所拥有的最为珍贵的东西。

——阿尔伯特·爱因斯坦

以竞赛促学习，借专业助科普

——海洋学院"海洋知识竞赛"

海洋学院　陈圆欣

一、缘起：兴海强国，共筑梦想

21世纪是海洋世纪，国际海洋竞争日趋激烈。中国是海洋大国，但是我国海洋经济发展相对滞后，海洋生态环境、海洋权益维护、海洋管理都面临着严峻的挑战。

党的十八大报告正式提出"提高海洋资源开发能力，发展海洋经济，保护海洋生态环境，坚决维护国家海洋权益，建设海洋强国"的理念。随后，2013年7月30日，在建设海洋强国研究中央政治局第八次集体学习中，习近平总书记提出"要进一步关心海洋、认识海洋、经略海洋"。紧接着，2013年10月3日，习近平总书记向东盟国家提出共同建设21世纪"海上丝绸之路"战略构想。

二、项目介绍：以竞赛促学习，借专业助科普

在紧紧把握时代发展潮流的基础上，为了提升国家的海洋实力以及增强国民的海洋知识，2008年9月12日，国家海洋局办公室、教育部办公厅、共青团中央办公厅联合印发了《关于开展"首届全国大中学生海洋知识竞赛"活动的通知》（国海发

〔2008〕23号），该活动围绕不同主题每年举办一届。

中山大学海洋学院自2010年开始承办全国大学生海洋知识竞赛华南赛区复赛，现已成功举办了四届。

（一）项目实施

海洋知识竞赛的活动流程见表1所示。

表1 海洋知识竞赛活动流程

报 名	初 赛	复 赛	决 赛	奖 励
个人参赛 学校参赛	校内进行，题目类型： 1. 必答题 2. 判断题 3. 选择题 4. 闯关题	复赛队伍分为东北、华北、西北、华西、华中和华东六个赛区，题目类型与初赛一致	决赛为现场直播竞赛，分为两个环节： 1. 现场答题 2. 模拟联合国大会，参赛队伍分别代表一个国家或者国际组织，就当前海洋热点问题展开演讲辩论和磋商	每个复赛区产生1支一等奖队伍，参加决赛；在全国总决赛中表现优异的参赛选手更有机会获得赴南极、北极考察的机会

（二）队伍来源及专家指导

海洋知识竞赛的参赛队伍均邀请相关学校、院系的专业教师担任指导老师。具体情况如下：

初赛面向全校本科生，凡对海洋科学知识有兴趣、有了解的同学均可报名参加。根据数据，每年报名参赛的学生人数均超过100人，包括来自岭南学院、旅游学院、翻译学院、中文系等各个院（系）、不同专业背景的学生。

复赛分为六个赛区，其中由中山大学海洋学院承办的华南赛区覆盖西藏、云南、广东、广西、海南、福建等六个省区。

为保证赛事的专业性和权威性，比赛还邀请了相关专业、行业的专家组成顾问团，对赛事的整体推进及专业性问题给予指导。顾问团成员包括：海洋出版社牛文生副社长，海洋出版社《海洋世界》杂志主编阎安，国家海洋局宣传教育中心陈宁，广西壮族自治区海洋局团委戴璐副书记，广西中医药大学党委副书记董塔健教授，珠江口中华白海豚国家级自然保护区管理局古锡纯局长，珠海市海洋资源开发保护协会钱文炉会长、赵国文秘书长，中山大学海洋学院易梅生教授、吴玉萍教授。

（三）项目保障

全国大学生海洋知识竞赛由国家海洋局、教育部、共青团中央、海军政治部联合主办，华南赛区复赛由中山大学海洋学院承办（见图1）。该项赛事得到了主办方的大力支持和专业指导，保证了赛事的参赛规模和比赛质量。

图1 第六届全国大学生海洋知识竞赛华南赛区复赛现场

中山大学海洋学院工作团队有丰富的赛事准备经验、团队培训经验和雄厚的学科实力。该竞赛主要涉及海洋经济、海洋军事政治、海洋法律、海洋生物资源保护等方面的知识，而海洋学院的 41 名教授（研究员）、8 名副高职称教师和 14 名讲师中不乏上述各领域的专家，并且海洋学院与生命科学与技术学院、环境学院和地球科学系等学院（系）共建的 8 个核心团队也能为参赛学生提供必要的指导和帮助。

三、项目成果及特色

（一）代表队不断进步

海洋学院选拔的学生代表队成绩不断进步：第一次参赛未获奖，第二次参赛获得赛区三等奖，第三、四次参赛获得赛区二等奖。

（二）科普教育，促进学习

每年一度的海洋知识竞赛，通过比赛的形式促进学生涉猎广泛的专业知识，吸引非海洋相关专业的学生关注海洋科学，提醒广大市民认识海洋、关心海洋、经略海洋的重要性。

（三）参与面广，关注度高

全国大学生海洋知识竞赛得到全校师生的热烈欢迎，引起了国家海洋局以及珠海市有关单位的关注，同时也受到媒体的广泛报道和热议。2013 年举办的第六届海洋知识竞赛（见图 2）还吸引了珠海市容闳小学的数十名师生前来观赛，带队参观的老师认为："这是让更多青少年认识海洋、了解海洋、热爱海洋的机会，并且能够令其投身海洋事业。"这项赛事无疑提醒了全社会更加关注海洋、合理开发利用海洋、保护海洋。

理工科篇

图2　第六届全国大学生海洋知识竞赛华南赛区获得者
　　　——广东海洋大学

四、小结

21世纪,中华民族的海洋意识是实施海洋强国战略的思想基础,是国家海洋科学决策的思想源泉,还是推动海洋事业不断发展的精神动力。虽然中国已经成为世界第二大经济体,但是中国如何保持甚至超越目前取得的成绩,如何实现可持续发展呢?关键在于兴海强国。身为中华民族的一份子,我们必须为中华民族之崛起而奋斗。通过一届又一届地承办全国大中学生海洋知识竞赛,中山大学及其海洋学院让更多国民认识海洋、投身海洋事业,为实现伟大的中国梦作出不可磨灭的贡献,而这份荣耀需要我们中大人继续传承下去。

数学建模,领跑学术
——数学与计算科学学院数学建模竞赛训练营

数学与计算科学学院　程小翠

一、项目背景

美国大学生数学建模竞赛(MCM/ICM)是美国数学及其应用联合会主办的一项国际级的竞赛项目,始于 1985 年,是现今各类数学建模竞赛之鼻祖。MCM/ICM 着重强调研究问题、解决方案的原创性、团队合作、交流以及结果的合理性,现已成为最著名的国际大学生竞赛之一,每年能吸引来自五大洲各著名高校的几千支队伍参赛。

全国大学生数学建模竞赛创办于 1992 年,每年一届,目前已成为全国高校规模最大的基础性学科竞赛,也是世界上规模最大的数学建模竞赛。2012 年,来自全国 33 个省市自治区(包括香港和澳门特区)及新加坡、美国的 1251 所院校、19490 个队伍(其中本科组 16008 队、专科组 3482 队)、58000 多名大学生报名参加该项竞赛。

数学建模训练营是成立于 2008 年的学术竞赛培训组织,主要为中山大学的学生参加全国数学建模竞赛和美国数学建模竞赛提供相关的项目指导、培训等服务,并以数学建模训练为切入点,提高中山大学学生参与学术研究的热情。

二、项目概况

数学建模竞赛是中山大学学生课外学术科技活动的主阵地，包括校内赛、全国赛、美国赛等系列竞赛项目。数学建模训练营通过赛前普及宣传、校内选拔和集中培训，赛中提供场地和教师指导，赛后总结和经验分享三个阶段，为中山大学的学生提供学习、交流的平台。

针对中山大学数学与计算科学学院学生学习上偏重理论学习、缺乏钻研精神、学科应用能力弱等现状，数学建模训练营的培养目标可以概括为四个"阶段"：科学研究兴趣培养、科学研究入门、科学研究感悟、科研能力初步形成。数学建模强调分析问题的透彻性、解决方案的原创性、内部交流的有效性以及结果的合理性，要求学生在一定学科基础知识的前提下，具有一定的理论联系实际的能力以及团队协作的能力。这一连贯的培训体系激发了学生的科研兴趣，提升了学生的学术水平，强化了学生分析问题、解决问题的能力，进而加强了学生的核心竞争力。

三、组织实施

数学建模训练营以数学建模为核心开展了一系列的活动以及竞赛。

（一）普及讲座

数学建模训练营会面向全校举行动员大会，一方面动员优秀学生参与到数学建模的研究中，另一方面为已经参与数学建模的同学提供数学建模知识的准备，以及解决他们在参赛前遇到的问题。

（二）校内竞赛

1. 数学建模新手赛及分享会

在每一学年度第一学期的 10—11 月份，举办数学建模新手赛，在赛前举办经验分享讲座，赛后则邀请本院教师团队指导阅卷等活动。

2. 数学建模软件挑战赛及分享会

每年 5 月，举办数学建模软件挑战赛。参赛队伍不限院系，学生需运用相应的软件知识解决一系列的数学问题，有利于针对性地提高学生在数学建模软件使用方面的能力。

（三）数学建模选拔赛

每年 5—6 月份，通过组织数学建模选拔赛，组织、甄选有实力的队伍代表中山大学参加 9 月份的"高教社杯"全国大学生数学建模竞赛。

（四）寒暑假训练营

在寒暑假期间，数学建模训练营组织各参赛队伍针对每年 2 月份的美国大学生数学建模竞赛以及 9 月份的"高教社杯"全国大学生数学建模竞赛进行集中训练。内容包括：教练的系统培训，数学建模主题沙龙，经验交流会，案例讨论会，等等。

四、项目保障

（一）组织模式

数学建模训练营团队分为组织运营和专业指导两个部分。组织运营部分由数学与计算科学学院笃行工作室负责，而专业指导团队由 15 位老师组成。

（二）经费保证

中山大学及数学与计算科学学院有专项资金用于推广数学建模训练营相关活动。

五、项目成果

在数学建模的平台上，数学与计算科学学院学生的学科应用能力和科学研究能力不断得到提升。近年来，随着数学建模竞赛训练营活动的有效开展，参与数学建模竞赛的人数逐年上升，获奖队伍数目迎来爆炸式增长。美国赛获奖队伍2013年的数目较2008年增长了十倍。2010—2013年，数学建模训练营的学生连续3年获得美国赛决赛奖，这让中山大学成为国内第五个获得这一奖项的高校。2008—2011年，参加数学建模训练营的学生共有87人获得美国赛二等奖以上奖励，39人获得全国赛二等奖以上奖励；其中，21人获得美国赛一等奖，15人获得全国赛一等奖，并有两篇竞赛论文获得全国优秀论文。2010年，林晓伟、常名立、许文浩获美国赛决赛奖，这是中山大学参赛历史上第一次获得这一奖项，同时也让中山大学成为我国第五个获得这一荣誉的高校。2011年，吴非、罗知地、刘欣再次获得美国赛决赛奖。

2013年美国大学生数学建模竞赛（MCM/ICM）中，来自数学与计算科学学院的黄志健、冼盛达、成珺（见图1）的论文成功进入决

图1 获Finalist奖项的选手黄志健、冼盛达、成珺（从左至右）

赛，使中山大学连续 4 年获得特等奖提名奖（Finalist）。此外，中山大学还获得了 29 个一等奖、43 个二等奖，获奖比例为 65%。本次竞赛刷新了多项中山大学参加该赛事的纪录，参赛学生为历届最多（336 人），受益面也为历届最广（获奖学生来自全校 10 个不同院系，涵盖理、工、医、经、管多个专业）。

图 2 是中山大学学生 2008—2013 年参加美国大学生数学建模竞赛的获奖统计。

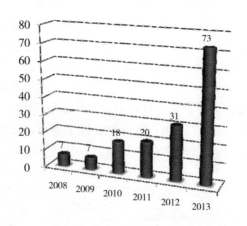

图 2　中山大学学生参加 MCM/ICM 的获奖情况

随着计算机技术的迅速发展，数学的应用不仅在工程技术、自然科学等领域发挥作用，而且以空前的广度和深度快速向其他领域渗透，数学成为解决实际问题的第一步。而参加数学建模竞赛，可以提高同学们解决实际问题的能力，训练营也为提高同学们的建模能力提供了一个很好的平台。

现今，数学建模训练营已不仅只是对数学与计算科学学院的高年级学生开放，也通过数学建模新手赛及数学建模软件竞赛等形式向各院系的各年级学生开放。同时，结合"大活动"、"小课堂"的形式,形成了对象广泛化、活动长期化、组织专业化的格局。

六、结语

合理的工作思路和目标,加上系统有效的培训,数学建模训练营的同学们用自己的兴趣和热情,让自身的积累与成长呈几何倍数的增长。因势利导,因材施教,在数学建模的平台上,数计人用自己独有的方式践行着"人心向学"和"文明修身"的理念和精神,以帮助学生参加学术竞赛的方式,融入学院专业学习,提高自身的综合素质。

ALL FOR ONE, ONE FOR ALL
——生命科学学院 IGEM 项目

生命科学学院　彭　雪

一直相信，尘世中的遇见都是因缘而起，常言道，有缘千里来相会，无缘对面不相逢，而有些遇见，跨越了千山万水，超越了民族，那些思维碰撞所带来的火花，点燃了每个人心底最初的那份渴望、那份悸动。在青春肆意挥洒的时光的画布上，绘出一幅最绚烂的光景。

一、赛事概况——丹青妙笔绘华彩

生命是上天赠予这个世界最美妙的事物，它虽脆弱，却蕴含着无限的潜力。当一个新生命在你的手中诞生时，那份感动是无可代替的。而国际基因工程机器设计大赛为新生命的诞生提供了一个平台，通过运用生物技术这根神奇的笔画出生命的华彩。国际基因工程机器设计大赛（International Genetically Engineered Machine Competition，IGEM）是国际上合成生物学领域的顶级大学生科技赛事。合成生物学主要通过对标准化模块（生物砖，Biobrick）构建一个简单的生物系统，并加以操纵。IGEM 大赛由美国麻省理工学院 2003 年创办，2005 年发展成国际赛事（见图 1）。每年竞赛都会受到 *Nature*、*Science*、*Scientific American* 等国际权威杂志的关注。

IGEM 大赛的目标是希望通过重组现有的基于 DNA 序列的功

理工科篇

图1　IGEM 参赛队伍合影

能组件来实现对生命科学研究或者对生产生活有意义的新菌种。其意义在于直接搭建起基础生物研究与生产生活实践的桥梁。有些成果能直接转化成产品，受到学术界和工业界的广泛关注。

二、组织实施——浓墨重彩展宏图

IGEM 大赛的参赛对象为本科生，专业不限。要求学生以团队形式参与，自主选题，在赛前一年内运用工程学的理念和基因操作的手段设计和实现某种新的生物机器功能，并通过网站、演讲、海报等形式进行展示、交流和评比。在这里，你将遇到一群志同道合的人，虽然你们不是同一个专业，也没有相同的生活背景，但是 IGEM 让你们结缘，你们为同一个目标而努力、奋斗。一篇篇的文献见证着你们的汗水，一次次的代码敲击出青春的主旋律。你们哭过、笑过，为一个问题争吵过，在风雨同舟的日子里，你们成为配合默契的队友，一辈子无法忘怀的好朋友。

（一）组织流程

IGEM 大赛的组织流程如表 1 所示。

表 1 IGEM 大赛流程

阶 段	组 建	准 备 （4 月到 10 月）	赛区分赛 （10 月）	国际角逐
主要任务	1. 组建参赛团队成员，明确各组分工 2. 确定导师以及实验室，为备战做好准备 3. 报名参赛	1. 4—5 月会收到主办方（IGEM Headquarter）寄送的 DNA kit 2. 与导师确定方案，阅读大量文献 3. 准备并完成课题	1. 成果展示，与其他参赛队伍分享交流 2. 晋级决赛	1. 准备出国事宜 2. 完善成果，冲击冠军

主办方（IGEM Headquarter）寄送的 DNA kit 就是各种含不同功能片段的质粒，参赛队伍利用这些质粒，或者自己重新构建的新组件，在暑假期间完成一个课题。完成课题之后，10 月初举行各大赛区分赛。比赛时，每支队伍有 20 分钟展示时间、5—10 分钟回答评委和观众问题时间。最后由评委评定出分赛的各项奖项，并确定决赛入围队伍名单。决赛在美国麻省理工学院举办，形式基本与分赛一致。

（二）项目支持

古语有云：工欲善其事，必先利其器。自中山大学 IGEM 队伍成立之后，中山大学和生命科学学院对于 IGEM 项目给予了大力支持。为了保证项目的顺利进行，生命科学学院将两间公共实验室提供给比赛队伍使用，陆勇军院长还将自己的实验室开放给比赛队伍，共享所有的仪器、试剂。参赛队员不仅有强大的"硬件"支持，同时有老师和研究生对实验操作细节进行详尽的指导，保证队员们的实验技能快速提高。

经费方面，初赛阶段校级项目经费为 4 万元人民币，学院提供了 2000 美元（约 1.3 万元）的参赛报名费，并配套提供 1 万元实验经费。复赛阶段得到了教务处及校团委的大力支持，共获得 5 万元经费，学院配套提供 7 万元用于支持队员的差旅费用。这些都成为整个比赛强有力的财政支持。

三、赛事成果——锐意进取刻丹青

中山大学自 2011 年首次参加 IGEM 至今，屡创佳绩（详见附表）。短短 4 年间，依靠中山大学雄厚的科研实力，中山大学参赛队伍快速成长为一支成熟的队伍。

2010 年开始组建 SYSU-China，经过长达一年半的探索与实践，终于在 2011 年作为中山大学的首支参赛队伍参赛，并在比赛中崭露头角。中山大学 SYSU-China 团队（见图 2）在香港科技大学举行的亚洲区区域赛上，凭借着成员之间默契的分工合作、队员们的沉着应战，精彩展示了项目研究成果，成为亚洲区 18 个晋级队伍之一，获得参加世界总决赛的资格，并一鼓作气，在美国麻省理工学院举办的总决赛上斩获铜奖。

2012 年亚洲区比赛中，由生命科学学院教师指导的软件队（SYSU-Software）和实验队（SYSU-China）分获亚洲区金、银牌，其中作为中山大学首支参赛软件队的 SYSU-Software 成功晋级，受邀赴美国麻省理工学院参加世界总决赛。在决赛设置的 8

图2 SYSU-China 参赛队员在波士顿合照

个单项奖中夺得软件组的最佳 IGEM 软件框架应用（Best Clotho App）和最佳基因组编译器设计（Best Genome Compiler-Based Design）大奖（见图3），成为亚洲区在本届全球总决赛中获得奖项最多的队伍。

图3 软件队参加 IGEM 决赛并获得两项单项奖

2013年不仅延续了前两年的好成绩，而且取得了历史性突破——实验队（SYSU-China）和软件队（SYSU-Software）同时进入决赛（见图4）。软件队以冠军身份获得软件类全球唯一的最高奖项——最佳软件项目奖（Best Software Project），并斩获总决赛金牌；实验队也获得最佳网页奖（Best Wiki），并进入研究生组（Overgraduate）进行最终大奖（Finalists）的角逐，取得全球第三名的好成绩。而且中山大学IGEM团队摘得2014年度全国大学生"小平科技创新团队"称号。

图4　实验队和软件队站在领奖台上（右一为颁奖评委）

2014年，软件队（SYSU-Software）以冠军身份获得软件类全球唯一的最高奖——最佳软件项目奖（Best Software Project），并斩获总决赛金牌。这是中山大学软件队继2012年获总决赛2个单项奖和2013年获总决赛最佳软件项目奖后，再次获得软件类最高奖，也是IGEM创办10年以来综合成绩最好的软件队。同时，实验队（SYSU-China）也继续保持在中国大陆地区的领先地位，获得最佳新组合型生物模块奖（Best New Composite Part）、跨实验室研究奖（Interlab）及总决赛铜牌（见图5、图6）。

图5　实验队和软件队合影

图6　2013—2014年度获得的重要奖项

2015 年，比赛仍在继续，参赛队员一批换了又一批，不同的学科，不同的脸庞，但是他们有着相同的名字——中山大学参赛队。新的神话等着新一批的参赛队员来缔造……

四、结语

在香港科技大学、麻省理工学院的集会上，队员们不仅展示了自身的项目，还通过旁听其他队伍展示、参加 Workshop 等方式与世界各地的评委和学生们进行交流，展现我们的观点和研究结果，了解顶尖学者对合成生物学的关注点，借鉴他们的思维方式与学术观点，对比我们与其他队伍的优势与差距，向更高的水平看齐。通过与世界顶尖学校学生的竞赛，我们不仅了解到合成生物学的研究前沿，也学会了严谨的研究方法和思维方式，同时通过交流，宣传中大、宣传中大生科院，展现了中大学子积极进取、团队合作、严谨踏实的精神面貌和研究态度。

——郭涛

就像 2011 年 SYSU-China "奶爸"郭涛所说，IGEM 项目不仅仅是一个人的比赛，更是一群人的比赛，也是整个世界的比赛。在项目中，你不断地挑战自我，为一个目标努力奋斗；队员们一起为一个问题头脑风暴，集思广益；比赛中，你和世界各地的参赛队伍交流、借鉴，不断地完善自我，向着更高的水平看齐。你不仅代表了你自己、一个团队，更是代表了中山大学，让这座有着悠久历史和文化沉淀的学府，出现在世界高校之林，让更多的人了解中山大学、了解生命科学学院，了解中大学子，了解"博学，审问，慎思，明辨，笃行"十字箴言的含义。

附表

2011—2014 年生命科学大学院 IGEM 团队所获荣誉

阶 段	年 份	参 赛 队 伍	荣 誉
首战告捷	2011	SYSU-China（首次参赛）	总决赛铜奖
越战越勇	2012	软件队 SYSU-Software（首次参赛）	区域分赛金奖 最佳 IGEM 软件框架应用（Best Clotho App） 最佳基因组编译器设计（Best Genome Compiler-Based Design）大赛
		实验队 SYSU-China	区域分赛银奖
历史新高	2013	软件队 SYSU-Software	最佳软件项目奖（Best Software Project） 总决赛金牌
		实验队 SYSU-China	最佳网页奖（Best Wiki） 研究生组（Overgraduate）铜奖
再创辉煌	2014	软件队 SYSU-Software	最佳软件项目奖（Best Software Project） 总决赛金牌
		实验队 SYSU-China	最佳新组合型生物模块奖（Best New Composite Part） 跨实验室研究奖（Interlab） 总决赛铜牌

学以致用，务实创新
——物理科学与工程技术学院 Altera 亚洲创新设计大赛

物理科学与工程技术学院　吴文熙

一、缘起·赛事背景与意义

利用 FPGA（Field-Programmable Gate Array，现场可编程门阵列）设计芯片的技术，有着更短的设计周期、更灵活的设计方法、更低的设计成本等优势。随着 EDA（Electronic Design Automation，电子设计自动化）技术的发展和 FPGA 性能的不断提高，FPGA 正得到越来越多 IC（Integrated Circuit，集成电路）设计者的青睐。在当下，基于 FPGA 的芯片设计，已经成为电子类学生必不可少的学习内容！而与 FPGA 相关的各种赛事也因此应运而生。

由阿尔特拉（Altera）公司和友晶科技公司主办的 Altera 亚洲创新设计大赛，在国际上影响甚广，并享有"亚太地区顶尖级的 FPGA 设计赛场"的盛名，更被电机、信息、理工专业学生视为最高荣誉的竞技场！Altera 亚洲创新设计大赛每年都吸引来自两岸知名高校千余支精英队伍前来同场竞技、一展身手。学生创意的结晶，让许多业界人士及学者专家都赞叹不已，吸引着各界媒体争相报导。

2012 年，大赛被提升至国际规格。学生的优秀作品及文章会被收录于《亚太 FPGA 应用及教育课程会议国际期刊》。清华大学、北京大学、南京大学、中国科技大学、中山大学、上海交通大学等中国著名高校纷纷参与角逐。摘得大赛的金牌,已成为所有对嵌入式开发有兴趣的同学梦寐以求的奋斗目标!

Altera公司是FPGA产业的龙头企业,在技术、资源、科研实力各个方面都有雄厚的实力,并占据先导地位。中山大学物理科学与工程技术学院(以下简称"物理学院")与Altera公司合作,联合培养FPGA开发顶尖人才,遂趁大赛之机,培养学生兴趣和激发学生潜力。

二、春种·组织实施

Altera亚洲创新设计大赛的赛制每年都有所不同,这不仅让"应试式"的培训方式失效,同时还引起了我们在人才培养方式上的思考。中山大学物理学院则着眼于加强平时的科研素质培养,一方面让学生接受长期的、多方式的、跨领域的科研熏陶,另一方面则结合具体应用问题,为学生提供短期的项目实训,两面结合,以全面提高学生科研素养和锻炼实践技能。

2010年起,中山大学物理学院开始从学科支持、硬件建设、人才培养、教师团队、主题培训等方面着手,采取了一系列措施,确保参赛队伍质量及参赛作品的水平。

(一)平台支持——以大平台为依托,为学科创新夯实基础

理工学院微电子学系拥有"国家微电子学人才培养基地"、"中山大学专用集成电路ASIC研究中心"两大平台,在硬件支持、教师团队上均享有得天独厚的优势。这两大平台每年都为学生提供大量研究课题、科研经费和科研训练,帮助学生奠定基础知识、扎实科研功底、拓展科研视野。

（二）硬件建设——Altera 投资 90 万美元，建立联合实验室

2010 年，Altera 公司应邀前来考察。在对中山大学物理学院的科研实力、学生培养水平进行深入考察后，为与微电子学专业展开更深入的教学、科研合作，Altera 公司决定与物理学院共建"中山大学—Altera 公司联合实验室"，并投入超过 90 万美元的软硬件教学科研设备，为培养学生的 FPGA 开发能力提供了良好的科研、教学平台。

（三）人才培养——因材施教，与课程相辅相成

在理论学习之余，物理学院还要求学生完成创新性的课程设计。设计题目新颖，其难度按梯度分层，适合不同水平的学生理解、掌握和实现，利于激起学生的学习兴趣。物理学院充分配合课程教学进行人才培养，帮助学生打下扎实的专业基础，增强了学生的参赛实力和信心！

（四）教师团队——组建专业导师队伍

在加强基础培训的同时，物理学院聘请了陈弟虎、邓少芝、陈军、庞志勇、王自鑫等多位专家、教授成立指导教师队伍，诸位专家、教授均是微电子学专业的权威，在学术上有着超卓的成就。他们为学生团队培养、项目设计制作提供专业指导，让学生底气十足，大胆创新，勇于向难题发起挑战。

（五）主题培训——实行为期一个月的 FPGA 项目强化培训

针对 FPGA 项目设计，物理学院为微电子学专业的学生提供

为期一个月的 FPGA 项目强化培训。期间，物理学院邀请了 Altera 公司专业技术人员、指导教师团队对学生进行专题讲座、FPGA 实验培训。通过封闭式教学、高强度实验训练，帮助学生尽快突破科研壁垒，迅速进入 FPGA 项目设计角色。

三、秋收·大赛硕果

物理学院于 2011 年正式开始组织微电子学专业本科生参赛，3 年奋战，已获累累硕果，作品的创意和比赛的成绩充分彰显了中山大学理工学子的创新精神与科研实力（见图 1 至图 3、表 1）。

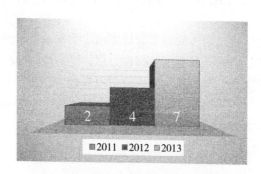

图 1　2011—2013 年获得的国际级奖项

表 1　获奖详情

项　　目	所获奖项
《视频实时 3D 卡通化》	亚洲总决赛一等奖
《基于 FPGA 的鱼眼镜头 360 度全景监控系统设计》	亚洲总决赛二等奖
《基于 SOPC 的 2D 转 3D 多媒体处理系统》	亚洲总决赛二等奖
《基于 FPGA 的音乐合成器设计》	大陆赛区二等奖

图 2　视频实时 3D 卡通化项目展示

图 3　基于 SOPC 的 2D 转 3D 多媒体处理系统项目展示

四、结语

通过参加 Altera 亚洲创新设计大赛,学生不仅能锻炼自我、检验自我、提升自我,在对外展现自我风采、与外界分享创意的过程中,还能收获自信和成就感。学生们在赛后更是纷纷表示,比赛过程中的反复尝试、挑战、评委们中肯的建议，以及在竞赛会场相互观摩、彼此切磋，都让他们能在FPGA应用设计的领域更上一层楼。

比赛赋予了学生更丰富的学术活动经验、更开阔的视野、更宽广的人脉，对学生今后的深造、就业都有着极大的启发和帮助。这些对学生的利好，也激励着物理学院不断完善FPGA顶尖技术人才的培养方案。

3年来，中山大学物理学院组织学生参加Altera亚洲创新设计大赛，以丰硕的成果打造了良好的开端，为今后理工学子参赛奠定了坚实的基础。随着专业培训的不断投入，参赛经验的日渐丰富，参赛作品的质量不断提高，比赛的成绩屡创新高，相信在物理学院师生的共同努力下，今后定会再创佳绩！

规划，让城市更美好
——地理科学与规划学院全国高等学校城乡规划专业竞赛

地理科学与规划学院　赵晨祎

一、赛事背景

一个城市能否规划得当，关系着城市的未来发展与稳定布局。而城乡规划专业教育，旨在培养适应国家城乡建设发展需要，具备坚实的城乡规划设计基础理论知识与应用实践能力，具有永续观、创新力、理解力、综合力的高级专业人才，这是支撑城乡建设事业的人才基础的重要保障。今日学生的理想与责任、道德与人格、理念与定位、知识与技能，不仅将决定中国城乡规划专业的未来兴衰，也必将影响中国乃至世界的人居环境的未来走向和可持续发展。为提升专业教育质量、促进各院校交流，提高学生的规划专业素养、理论联系实际的能力，全国高等学校城乡规划专业教育指导委员会每年都组织评委对城乡规划专业本科生的社会调查报告、城市设计、交通出行创新实践进行评优，并对优秀作品给予表彰和奖励。

以此为契机，中山大学地理科学与规划学院将学生培养的理论课程设置和专业赛事参与结合起来，组织城乡规划专业本科生组建团队积极参与，以课程作业的形式上交作品，参与竞赛。在课程理论学习中加入了实践创新、专业竞赛元素，培养城乡规划专业本科生发现城市社会的热点问题、城市发展中的科学问题，引导学生关注社会,关注现实,关注中国的城市化发展。

二、竞赛概况

全国高等学校城乡规划专业竞赛是全国高等学校城乡规划专业教育指导委员会(以下简称"专指委")组织的城乡规划专业大学生专业培养竞赛,包含三大竞赛单元。

(一)"城乡社会综合实践调研报告"

"城乡社会综合实践调研报告"单元旨在培养城乡规划专业学生联系实际、关注社会问题的学术态度,以及发现问题、分析问题、解决问题的研究能力,增强学生将工程技术知识与经济发展、社会进步、法律法规、社会管理、公众参与等多方面相结合的意识及综合运用能力,提高本科生的文字表达水平,进一步规范调查报告的写作。

(二)城乡规划专业特定竞赛单元:"城市交通出行创新实践"

"城市交通出行创新实践"竞赛单元旨在发掘在社会组织、社区、企事业单位及普通民众之中已经存在着的许多"软性"(组织管理)的、具有创造性的解决方案,并促进这些有效的方法能够在国内外得到推广应用,最大限度地发挥城市交通基础设施的效能,有效地减少城市交通的环境问题、安全问题,同时改善社会弱势群体的交通出行条件。

(三)"城市设计"评优

"城市设计"评优单元旨在增强城乡规划专业学生对城市空间的感知和理解,提升城市设计的技能。该竞赛单元以城市规划专业本科四年级第二学期的城市设计课程为基础，城市规划专业本科四年级学生全部参与。竞赛要求参赛者以独特、新颖的视角解析年会主题的内涵，以全面、系统的专业素质进行城市设计。

全国高等学校城乡规划专业竞赛的参赛规模庞大，竞赛难度和水平高，在全国开设城市规划专业的院校中具有广泛的影响，是城乡规划本科专业全国最高规格的课外竞赛，也是充分体现各院校城乡规划专业办学特色和优势的重要窗口。

三、组织实施

全国高等学校城乡规划专业竞赛的组织实施充分体现了理论与实践相结合，在实践中深化专业学习的特色。地理科学与规划学院教师们的大力支持、学生的踊跃参与，使之成为城乡规划专业学子的必修赛。

（一）项目组织形式

1. 教师指导和评审团队

中山大学地理科学与规划学院每年都由城市与区域规划系组织多名相关课程老师组成指导教师团队。学院邀请学校教学督导员、部分老教授专家和业内规划专家联合组成专家组进行多轮评选，遴选出前5名报送参加"城乡社会综合实践调研报告"，另外，交通选题的前4名参加"城市交通出行创新实践"竞赛，并遴选出3名参加"城市设计"评优。

2. 参赛对象

竞赛主要是针对已通过全国城市规划专业评估的规划院校而增设的竞赛项目，特邀2012年前通过评估的院校参加。同时，本竞赛也向其他院校的城乡规划专业开放，未通过专业评估的院校提交的参赛提案不超过2份/校。参与者应为我国高等院校城乡规划专业的高年级（非毕业班）在校本科生，考虑专业的合作性特点，每份参评报告允许4人以下（含4人）合作完成，但每位学生只能署名参加一份参评报告的提交工作。

中山大学地理科学与规划学院城乡规划专业于2009年通过住建部的城市规划专业评估，属于全国最早通过评估的一批院校。学院在全国高等学校城乡规划专业竞赛中要求每一位同学都必须参与，将课程学习与竞赛参与结合，选出最优秀的12个作品参与正式竞赛。根据城市规划专业本科生人数，每年的参赛人数约为45～50人。

3. 组织流程

竞赛将学生以小组的形式进行组织，将参赛学生按照每组3～5人进行分组，自选课题进行研究，并形成最终成果，根据最终成果的情况选拔学生作品参加最终的比赛。主要流程如表1所示：

表1 竞赛组织流程

阶段		启动	推进	腾飞
时间	"城市交通出行创新实践"竞赛	2013.2—6	2013.2—6	2013.7
	"城乡社会综合实践调查报告"、"城市设计"	2014.2—6	2014.2—6	2014.7
	主要内容	宣传组织 加强培训	确定选题 完成方案	汇总选拔 优化完善

其中，前两个阶段均在课程时间内由教师和学生共同完成。表1所示各阶段时间以2011级城乡规划专业学生的竞赛参与各阶段时间为例。各阶段的主要工作内容为：

（1）宣传组织、加强培训。学生集中培训，老师讲解竞赛流程、建议选题。

（2）确定选题、完成方案。学生定分组，查阅资料，与老师交流，确定社会调查、交通和设计选题；每个组进行2～3天的预调研，根据情况优化选题与方案，并在老师的指导下制订详细的调研计划；各组深入调研（如图1所示），获取相关资料，在老师指导下在规定的时间内完成方案。

图1　城乡规划专业学子在佛山市顺德区乐从镇进行总体规划调研

（3）汇总选拔、优化完善。老师将全班方案进行汇总，全系组织相关老师和专家，分类选拔优秀的作品参赛。评价方式采取老师点评和同学互评两种方式，帮助学生从多角度了解自己的调研的优缺点。入选参赛的小组在老师的指导下优化成果，形成最终参赛作品。

（二）项目成绩与效果

中山大学城乡规划专业比赛成绩突出，年年获奖，一直名列前茅：从2004年的佳作奖1名，到后来每年1名二等奖。2010

年和2011年连续获得历史性突破,获得"城市交通出行创新实践"竞赛一等奖的好成绩,这是全国城乡规划专业中唯一一个获得一等奖的学校。2012年和2013年继续加强组织,取得了二等奖1名、三等奖2名及城市设计佳作奖的好成绩。2014年,在来自全国90余所院校、280多支队伍报名参加的激烈竞争中,中山大学地理科学与规划学院成绩突出:参加"城乡社会综合实践调查报告"课程作业评优的五份作品全部获奖,其中,1个一等奖、1个二等奖、3个三等奖;在"城市交通出行创新实践"竞赛中,两组同学获得佳作奖;在"城市设计"课程作业评优中,获佳作奖2个,是历年来获奖最多的年份。10年来,三项累计共获得了一等奖3名、二等奖6名、三等奖12名、佳作奖18名的优异成绩。2011—2014年城乡规划专业本科生在竞赛中的获奖情况如表2所示。

表2 2011—2014年获奖情况

年份	各项目获奖情况			合计
	"城乡社会综合实践调查报告"	"城市交通出行创新实践竞赛"	"城市设计"	
2011	佳作奖,1个	一等奖,1个 三等奖,1个 佳作奖,1个	0	4
2012	三等奖,1个 佳作奖,4个	三等奖,1个	0	6
2013	二等奖,1个 三等奖,1个 佳作奖,1个	0	佳作奖,1个	4

续上表

年　份	各项目获奖情况			合计
	"城乡社会综合实践调查报告"	"城市交通出行创新实践竞赛"	"城市设计"	
2014	一等奖，1个 二等奖，1个 三等奖，3个	佳作奖，2个	佳作奖，2个	9
合计	14	6	3	23

对于学生素质的培养、提升，此竞赛也取得了良好的效果：其一，有效地培养了学生理论联系实际、关注城市发展问题的学术态度；提升了学生发现问题、分析问题、解决问题的研究能力；通过小组调研、讨论和完成成果，提高了团队合作精神。其二，学生对广州的城市发展和规划有了更深刻的理解，也对深入社会、挖掘城市问题有了亲身的体验，并通过这次项目给现实城乡规划问题建言献策，在专业领域贡献了自己的一份力量，有助于增强学生的社会责任感（如图2所示）。

图2　实地考察盐田污水处理厂

四、赛事小结

"美丽城乡"，还需"永续规划"。在我国城镇化建设迅速发展的今天，加强规划，促进城乡治理与规划改革，是国家治理体系和治理能力现代化的必然要求，国家治理体系和治理能力现代化是城乡规划未来发展的目标所在。重视人才培养，以专家指导促学生进步、以专业竞赛成蓬勃竞争之势，是保证永续规划、促进城乡治理与规划改革、永葆美丽城乡的基础工程。

地理科学与规划学院学子在参与竞赛的过程中，既加强了专业学习、提升了实践能力，又切实为现实城市规划问题的发现、解决作出了自己的贡献，展现了中国新一代城市化设计师的风采。同时，中山大学地理科学与规划学院学子的踊跃参与和优异成绩，充分体现了地理科学与规划学院城乡规划专业办学的特色和优势——课内学习与课外竞赛的紧密结合。

规划，让城市更美好；竞赛，让规划更专业！

智能先锋，机器大赛

——信息科学与技术学院中国机器人大赛暨 RoboCup 公开赛

信息科学与技术学院　姚德生

机器人竞赛是近年来国际上迅速开展起来的一种高技术对抗活动，涉及多个领域的前沿研究和技术融合。它集高技术、娱乐和比赛于一体，引起了社会的广泛关注和极大兴趣。目前，国内推出了各种不同类型的机器人比赛，如机器人足球、机器人舞蹈、机器人相扑、机器人投篮等，其中尤以机器人足球比赛最为引人注目。

一、赛事背景

一年一度的中国机器人大赛暨 RoboCup 公开赛是国内最具影响力、最具权威的机器人技术大赛，基本覆盖了中国现有最高级别的机器人专家和众多知名机器人学者，是当今中国机器人尖端技术产业竞赛和人才汇集的活动之一，已分别在苏州、兰州等城市成功举办了十三届，是国际机器人足球锦标赛、国际机器人足球联盟这两大机器人竞赛组织在国内唯一授权举办的国际性机器人赛事。该项赛事涉及电气自动化、通信网络、电子信息、计算机、机械制造、智能控制、软件设计等前沿技术领域，是机器人科技领域最具代表性的赛事活动，同时也是一个结合实验教学进行实践创新的项目。

二、赛事简介

中国机器人大赛暨 RoboCup 公开赛设有 RoboCup 足球机器人比赛、RoboCup 救援组比赛、RoboCup 家庭组比赛、FIRA 足球机器人比赛、空中机器人比赛、水中机器人比赛、舞蹈机器人比赛、双足竞步机器人比赛、微软足球机器人仿真比赛、机器人武术擂台赛、机器人巡游探险比赛等 12 个大项、28 个子项目的比赛，吸引来自清华大学、北京大学、中山大学、厦门大学、上海交通大学、中国科技大学等 100 多所国内知名高校的学生，共 400 余支比赛队伍、2000 余名选手参赛。各路选手纷纷使出自己的"看家本领"，各式各样的先进机器人几乎"无所不能"，为广大观众带来一场场精彩纷呈的视觉盛宴。

三、组织实施

（一）校内选拔赛

竞赛机制完善——每年 4 月份，中国机器人大赛中山大学选拔赛在全校范围内开展宣传和报名工作；8 月份，举行校内选拔比赛（见图 1），择优挑选队伍代表学校参加全国比赛。

专家阵容豪华——工作团队主要成员包括：赖剑煌、陈文波、刘树郁、钱宁、朱卫平等。专业指导人员包括：王国利教授、杨然教授、张雨浓教授、成慧副教授、郭雪梅副教授、保延翔高级工程师、卓汉逵博士、张智军博士等。

赛事规模强大——赛事活动由中山大学教务处主办，信息科学与技术学院、东校区机器人实验室承办，并成立大赛领导小组，负责大赛的方案审批、经费管理、技术讨论和汇报交流。活动得到主办方的大力支持和密切指导，活动的经费、规模、质量

图1 中国机器人大赛校内选拔赛剪影

得到了保证。近年来,信息科学与技术学院参赛团队在同类赛事中获得了非常优秀的成绩,学院具备了雄厚的学科实力,工作团队拥有丰富的赛事准备经验和团队培训经验。

培训平台专业——为了完成参赛队伍的挑选,主办方成立了"机器人科技训练营",以学生为主、教师为辅,引导为主,以培养兴趣为理念。通过赛前普及宣传、校内选拔和集中培训,赛中提供场地和教师指导,赛后总结和经验分享三个阶段,为学生提供学习、交流的平台。

(二)全国比赛

中国机器人大赛暨RoboCup公开赛是由教育部牵头,中国自动化学会机器人竞赛工作委员会、RoboCup中国委员会、科技部高技术研究发展中心共同主办的大型赛事活动。高端的主办单位、专业的承办机构、一流的接待服务、设施先进的比赛场馆等保障了赛事的成功举办,特别是优越的比赛设施和大会服务给与会的专家、比赛选手们留下了深刻印象。大家普遍认为,中国机器人大赛暨 RoboCup 公开赛的接待服务工作和场地条件堪称赛事标杆，达到了国际一流水平。

大赛始终秉持"实践与创新"的宗旨，鼓励学生重视所学知识与产业发展、社会进步的结合，努力探索科技对产业发展、对社会进步的促进作用，激发学生在科技与自动化产业的应用创新，鼓励参赛选手以持之以恒的精神努力完成并完善队伍的参赛作品，发扬严谨认真的竞赛风格。

四、竞赛项目成果及意义

在学校各级领导的大力支持下，在各位老师认真倾情指导下，队员们充分发挥聪明才智、大力发扬拼搏精神，已经连续多年在全国决赛中获得了喜人的成绩（如图2、图3所示）。

图2　2011—2013年间中山大学获奖情况

图3　冠军奖杯

通过参加全国机器人大赛，参赛队员的机器人技术水平得到了很大的提高，锻炼了实践创新能力，增强了团队合作意识、集体荣誉感和使命感。中国机器人大赛不仅是一个竞技比赛活动，更是一个要求实验教学与工程实践有机结合的训练项目，给同学们创造了一个充满挑战性与趣味性的实践创新平台，让优秀的人才有充分施展才华的条件和机会。

五、小结

（一）竞赛意义大

顶尖赛事项目以及机器人科技训练营为学生提供了一个全方位提升学术能力的平台，不仅提高了学生解决实际问题的能力，而且挖掘了其学习、探究的潜能，激发其探究和解决问题的兴趣，为参赛学生在全国赛中的获奖提供了有力的保障。

（二）面向人群广

如今，机器人科技训练营已经实现了走出信息科学与技术学院的目标，在本院中不断深化、普及的同时，也在中山大学各理工学院具有更大的知名度和影响力。今后，将不断组织相关的活动，继续向对象多元化、活动长期化、组织专业化的目标推进，进一步扩大赛事的规模，努力打造成全校知名的顶尖赛事。

创意改变世界
——工学院全国大学生创意创业大赛

工学院　赵悦鑫

一、背景意义

2014年12月，中国最大电子商务公司阿里巴巴集团创始人马云以286亿美元财富，荣登"亚洲首富"宝座，一举超越了身家283亿美元的前首富李嘉诚。这位从零开始打拼的"首富"用自己的经历给了诸多创业者梦想和希望。

如今，在人才最贵的21世纪，"创业"成为一个被广泛热议的话题，国家也出台了很多政策扶持大学生的自主创业，学子们不再将思想局限于自己所学的专业，而是发散思维，开拓创新，迸发创意，大胆尝试。创业已经成为青年们成就梦想、改变世界的一个重要途径。

要创业就需要有好的"创意"，好的团队。为了给当代大学生提供一个展现创意、自主创业的平台，全国大学生创意创业大赛应运而生。

二、项目简介

全国大学生创意创业大赛是由中国版权协会、中国教育学会、中国高等教育学会主办，中国版权协会教育委员会、中国人民大学知识产权教学与研究中心承办的全国性赛事。大赛旨在鼓励创意创造创新,支持拥有知识产权的成果,开创创业创新之路,成就一批创新型人才,打造智慧企业主人。

大赛涵盖了热能与动力工程、机械学、力学、管理学等多个学科领域,帮助学生综合运用所学知识,培养科技创新精神和实践能力,增强学生的创业意识和提高学生的创业能力。

全国大学生创意创业大赛从筹备开始,于2010—2013年间共开展了三届活动(见表1所示)。

表1 全国大学生创意创业大赛基本筹办情况

序号	时间	地点	主题	备注
1	2010年3—8月	上海	太阳能建筑物创意嘉年华活动	首届
2	2011年3—7月	湖北	低碳创业 创意未来	第二届
3	2012年3—7月	香港	无	第三届

三、组织实施

(一)组织策划

全国大学生创意创业大赛流程如表2所示。

表2 创意创业大赛进度安排

时间	阶段	主要内容
9月初	启动	比赛宣传与动员 编辑大赛工作手册 招募参赛队伍

续上表

时间	阶段	主要内容
9月中旬	解惑	举办赛事答疑会 专业老师与优秀队伍交流指导
9月—次年3月	筹备	定期进行进度汇报展示 专业老师建议指导
4月	展示	队伍答辩展示 选出院内优秀队伍
4—6月	深化	对优秀队伍进行重点培养与完善报送队伍材料，筹备全国决赛
7月	收获	参与全国决赛，与全国优秀队伍交流学习队伍材料与成果汇总

赛事期间，工学院团委申请专项经费予以支持，安排专业老师跟进指导，完成整体组织协调，推选优秀队伍参与全国决赛，全力保障比赛顺利进行。

（二）参赛队伍

踏实与务实一直是工学院与工科生的标签，所以相比之下，似乎创新、创意与工学院相去较远。但是在学院举办的创意创业大赛当中，工学院学子一直表现出了很大的兴趣和热情。

从大一新生到即将毕业的大四学子，无论是能源与动力工程、交通工程、生物医学工程还是理论与应用力学专业，3年间，各年级各专业共有51支队伍、逾200人参加了院内比赛，共推选出9支优秀队伍参加全国决赛。

每支队伍都以其发散的思维、独特的想法、非凡的胆识以及严谨认真的态度打动着评委与老师，给评委与老师一次又一次的惊喜，让其一次又一次地感受到创意与创业的魅力。

（三）专业指导

在整个赛事的筹备期间，工学院安排专业老师（吕中荣副教授）进行项目整体跟进和协调，安排专职团干（谭海燕书记）监管活动的组织策划，并为每支参赛队伍都安排专业老师进行一对一指导。除此之外，还会将优秀作品引荐给感兴趣的校友，促进校友与学院学子的交流与合作。

而在全国决赛中，大赛更是聘请著名企业领导、投资机构负责人、著名高校教授组成专家评审委员会进行评审，力图提供最专业、最公平的评判。

（四）经费支持

对于此项比赛，工学院每年都给予专项经费进行支持，并申报学生处顶尖课外学术竞赛项目经费。工学院团委累计每年提供约1万元用于开展创意创业比赛相关活动，为参赛队伍的实验经费和参赛差旅费等提供了强有力的保障。同时，对于表现十分出色的队伍，工学院也会进行一定的经费奖励。

四、项目成果

工学院组织创意创业大赛以来收获颇丰。除了院内获奖的优秀作品外，在全国决赛中也是表现突出（如表3所示），获得评委们的一致好评，为中山大学增光添彩，展现了中大学子的创业风采与魅力。

表 3　中山大学全国大学生创意创业大赛获奖情况统计

序号	时 间	奖 项	获 奖 项 目
1	2010 年	全国二等奖	罗智、黄松华
2	2011 年	全国一等奖	梁家伦"InCity 一站式资讯平台创业团队"
3	2012 年	全国一等奖	谭桂杉"绿行电子防盗有限公司"

除了一张张鲜艳的证书，同学们收获更多的还是在比赛过程中的思维碰撞与奋斗体验。作为当代大学生尤其是工科生，创新精神必不可少。全国大学生创意创业大赛为同学们提供了思维开拓的舞台，让大家能够真正地将创新付诸实际。参赛的同学通过项目构思、构建中的知识准备以及项目完善等过程，更是大大提高了实践能力和解决问题的能力。相信每一位参赛的同学都会受益匪浅。

五、小结

著名企业家宗庆后说，在中国的市场上做企业，需要有诗人的想象力、科学家的敏锐、哲学家的头脑以及战略家的本领。这大概也就是当代大学生想要成就梦想需要具备的几点素质。创新不是一句口号，而应是实际的思考与实践。作为优秀的中国青年，我们不应该禁锢自己的思想，而需要大胆尝试、勇于拼搏。每个人都不知道自己的潜力究竟有多少，所以不要担心自己的梦想太大，敢想才敢做，敢做才有希望。希望每一位中大学子，每一位当代大学生，每一位有志青年，都可以用创意成就梦想，用创意改变世界。

金融 IT 第一步

——软件学院"花旗杯"金融与信息技术应用大赛

软件学院　马　笛

一、赛事背景

中山大学金融软件应用大赛暨"花旗杯"金融与信息技术应用大赛校内选拔赛，是由中山大学团委、学生处指导，由中山大学软件学院团委、信息科学与技术学院团委、岭南学院团委及管理学院团委联合主办的大型学生科技活动，亦是一项具有导向性、示范性和群众性的竞赛活动。2012年被中山大学学生处批准为首批顶尖课外学术竞赛项目，得到学校的大力支持。

组织中山大学金融软件设计大赛，一方面是为了引导在校学生探索科学知识对产业发展和社会进步的推动，激发学生在科技与金融产业尤其是银行业的创新能力，培养复合型优秀人才；另一方面，也是为了遴选、支持中山大学的优秀团队参与全国"花旗杯"金融与信息技术应用大赛，让学生团队在该项全国性比赛中取得更佳成绩。

作为花旗金融与信息科技教育基金项目的重要组成部分，本大赛以引导学生在学校阶段即开始重视所学知识与产业发展、社会进步的结合，引导学生探索科技对产业发展、对社会进步的促进作用为导向；以激发学生在科技与金融产业尤其是与银行业的应用创新，鼓励学生关注学以致用，关注社会的进步和发展为目标,旨在通过"花旗杯"金融与信息技术应用大赛激发学生对技术的热爱,实践软件开发方法,培养科技应用和团队精神,培养更多的复合型的现代优秀人才。大赛的目标是引导在校大学生关注科技在银行业的应用,探索运用所学技术因应目前金融业发展过程中所面临的挑战。

二、赛事目标

旨在宣传培养IT人才的重要性,尤其是金融信息化人才的培养,支持中国教育发展,加快金融行业信息技术的健康发展,为长期发展留住人才,花旗金融信息服务(中国)有限公司发起了软件类竞赛以鼓励金融信息创新。

大赛将秉持"创新与完善"的宗旨,鼓励同学们在校园阶段即开始重视所学知识与产业发展、社会进步的结合,努力探索科技对产业发展、对社会进步的促进作用,激发学生在科技与金融产业的应用创新。鼓励同学们以持之以恒的精神努力完成并完善队伍的参赛作品,展现中大学子严谨认真的参赛风格。

三、实施方法与过程

比赛流程如表1所示,分为六个阶段(表格以2013年的流程为例)。

表1 2013年"花旗杯"金融与信息技术应用大赛流程

阶 段	时 间	主 要 内 容
第一阶段	4月5—19日	宣传及报名
第二阶段	4月20日—5月10日	准备初审所需材料
第三阶段	5月11—12日	项目书初审

续上表

阶 段	时 间	主 要 内 容
第四阶段	5月13—19日	中期集中开发
第五阶段	5月20—24日	中期评审（展示及答辩）
第六阶段	5月27—31日	决赛及颁奖（展示及答辩）

评定标准——作品的评分，根据参赛作品实用性、作品附带文档完整性、用户界面设计友好性、技术实现难度、程序实现完整性等进行综合评定。可理解性和应用性方面，关注范围定义及产品目标、产业的调查研究、解决方案或技术应用；开发过程方面，关注系统设计、开发过程和方法、标准文档；最终产品方面，关注系统的可用性、界面的友好性、产品的质量；现场陈述及答辩方面，关注陈述技能、答辩质量等。由这些方面构成最终评分。

队伍组成——由于"花旗杯"金融与信息技术应用大赛与金融软件产品的开发牵涉面甚广，要求参赛队员既了解金融产业需求，又可以通过技术手段来实现功能，因此鼓励跨专业、跨院系组队参加，且每支队伍中须有软件相关和金融相关成员；鼓励文理学科搭配，允许跨校区组队参赛。比赛主要面向具有软件、计算机、经济、金融和管理等相关专业背景的学生。

参赛主题——基于技术和银行产业、银行企业运营或管理过程、市场推广、服务或信息安全等领域面临问题相结合与应用的软件开发，开发平台和工具不限、主题不限。例如，如何运用科技来提高银行、证券、保险等金融行业的效率，降低风险与成本；如何运用科技来加强银行、证券、保险等金融行业对客户的服务与提高其服务水平；如何利用科技来完善银行、证券、保险等金融行业的信息安全。

中山大学顶尖课外学术竞赛项目汇编

四、赛事成果及推广

从 2008 年至今,在每年举办的"中山大学金融软件应用大赛暨'花旗杯'金融与信息技术应用大赛校内选拔赛"中,中山大学学生创造出一个又一个优质的创意,被选拔参加全国赛的优秀团队,取得过全国二等奖、三等奖和连续两年最佳组织奖的好成绩(见表 2 所示)。

表2　2009 年中山大学校内赛一等奖

作品名称	所属领域	领队老师	队长
处理 ATM 机假币系统	服务质量与产品价值	郭策	张玮杰
MAGI 银行现金管理系统	成本与效率	李文军(软件学院),陆军(岭南学院)	金迪
融资风险管理系统	风险控制与新技术的应用	陈玉罡	叶永青

在进入全国赛后,前 20 名的队伍成员中,计算机、软件和信息管理等相关专业的同学,一经面试通过即可获得花旗金融信息服务(中国)有限公司的实习机会(签订三方协议),实习结束后公司将根据其表现考虑是否录用。金融和管理等其他相关专业的同学,也将被优先推荐给花旗银行人力资源部。通过大赛的知识与经验积累,历届参赛同学毕业后,在金融、信息技术等相关行业领域的就业或创业中更是表现不俗。

五、赛事小结

软件学院自 2008 年起联合岭南学院、管理学院承办校内选拔赛,至今已成功承办六届,为参赛队伍提供了一个同台学习、交流、竞争的交互平台。在信息化和金融全球化的今天,拓展信息技术在于金融行业的各个领域的应用、利用信息技术发展金融企业的商业模式,将是金融业未来发展的主要方向。因此,培养金融创新人才、科技人才,全面发展信息技术,是十分迫切也是必不可少的。

教育部原副部长吴启迪在全国赛颁奖典礼上曾表示:花旗金融与信息科技教育基金项目暨"花旗杯"金融与信息技术应用大赛已经发展成为国内引导学生素质全面提高的标杆、企业和高校共同合作引导人才培养的典范。

2015届"花旗杯"金融与信息技术应用大赛校内赛也已于2015年4月初启动,相信在花旗金融信息服务(中国)有限公司和老师、同学的共同努力下,本届"花旗杯"金融与信息技术应用大赛会办得更加出色,对金融创新人才、科技人才的培养,对产业的发展和对社会的进步作出更多贡献。

CHEM IS TRY, WE FLY HIGH
——化学与化学工程学院"雏鹰计划"

化学与化学工程学院　李倩茹

一、项目背景

自 1989 年以来,"挑战杯"全国大学生学术科技竞赛作为一项综合性、全国性的竞赛,已成为提高青年大学生科技素质、增强大学生科技创新能力的重要平台。为了响应全国"挑战杯",化学与化学工程学院积极参与了广东省和中山大学的备战工作。2009 年,在第 11 届全国大学生"挑战杯"赛上,化学与化学工程学院李争晖等同学的参赛作品荣获二等奖,这是化学与化学工程学院学生第一次在这项比赛中获此殊荣,在院内引起很大反响,同时,也激发了广大学生参与国家级甚至国际学术大赛的热情和动力。其后,化学与化学工程学院学生课外学术科技作品竞赛——"雏鹰计划"应运而生。

"雏鹰计划"以提升化学与化学工程学院学生参与高水平学术竞赛能力和竞争力为目标,集遴选、培育、输出于一体,开展一系列环环紧扣、层层递进的学术培训竞赛活动,培育有潜力冲击国内、国际顶尖学术赛事的优良科研"雏鹰"。

二、项目简介

化学与化学工程学院主要通过"三赛一节"以及"本科生提前进实验室"计划来打造"雏鹰计划"这个强大的培训平台,涉及学术科研所需的所有基本技能,覆盖全院全体本科生。为了给"雏鹰计划"保驾护航,化学与化学工程学院召集含中科院院士、长江学者、杰出青年基金获得者、千人计划、百人计划在内的优秀教师担任指导团队,并建立了一套完备的推优、培优和竞赛制度。

(一)"化学节"——启蒙低年级学生的学科兴趣

时至2015年,"化学节"作为化学与化学工程学院的品牌活动,已走过了15个年头,每年都吸引了广大师生的积极参与,受到老师和同学们的一致好评。它通过一系列化学实验的相关活动激发同学们对化学实验的兴趣,让同学们在增进了解的同时提高自身素质(见图1所示)。

图1 "化学节"之实验楼开放日

（二）"文献阅读大赛"——开启科研大门的钥匙

为增强低年级本科生的文献查阅能力，使他们能熟练地通过查阅中外文献了解并紧跟国内外研究的前沿动态，从2011年起，每年历时4个月的"文献阅读大赛"，对选手进行文献阅读与写作、学术展示与演讲的考验，提高同学们对阅读文献的热情和技能。

指导教师：副院长巢晖教授、各系（所）各一名指导老师。
参赛队伍：大一、大二的低年级学生。
项目保障：受学院本科教学项目支持，由学生学术社团承办。

（三）"本科生提前进实验室"计划——为学以致用搭建平台

为增强学生分析和解决问题的能力，学院组织筹划的"本科生提前进实验室"项目给低年级学生提供了更多接触和了解实验室的机会，让学生通过实践把书本知识运用到实验中，真正做到学以致用。

（四）"全国大学生和广东省大学生化学实验邀请赛"院内选拔赛——助力"学以致用"

为营造热爱化学、努力学好化学、善于应用化学的科学氛围，培养同学们认真严谨、细致科学的思维方式和研究方法，从2001年起，学院每年开展"化学实验竞赛"院内选拔，使学生的综合实验技能得到大幅提升，积累宝贵的参加全国性比赛的经验。

指导教师：实验中心主任陈六平教授等。

参赛队伍：大二、大三学生。
项目保障：受学院实验教学中心经费支持。

（五）"创新基金项目"答辩赛——对接高水平学术科技竞赛

为进一步增强学生分析问题、解决问题的能力，以及加强化学与化学工程学院学生与老师之间的联系，从2000年起，学院组织筹划了"创新化学实验与研究基金项目"比赛，设有中期考核和最终成果答辩。学生在老师的指导下直接参与相关科研研究，提高自主创新能力（见图2所示）。

指导教师：巢晖副院长、陈六平教授、各系（所）各两名指导老师。

参赛队伍：大二、大三、大四学生。

项目保障：经费受国家创新人才培养项目支持。

图2　创新化学实验与研究科研交流会颁奖仪式

三、推广机制

项目拥有成熟的"前期宣传、项目启动、总结反馈"的推广机制。

先科普,再科研,在项目开展之前,我们在低年级中引入了积极主动的前期宣传与教育工作。逸仙化学论坛邀请在学术界内享负盛名的专家为学生介绍学科的前沿发展;教师科研交流会上,各大研究所、相关老师与学生进行交流,介绍各自的科研领域,让学生了解大学的研究生活,与教师教授对接,从而让学生科学选择是否参与项目,进入什么方向的实验室进行研究。

学工办与学院相关的负责老师取得联系,收集相关实验室的重要信息,汇总教师方的需求后整理传达给学生,为学生提前进入实验室的选择作出参考,项目正式启动。

经过了10多年的酝酿,我们的成果愈加丰盛,为把优秀的经验推广开来,我们通过每年两次的实验总结答辩会检阅一年中科研训练营的实行情况;通过院内"雏鹰计划"学术科研竞赛建立完善的激励机制,并打包优秀的成品输送至全国"挑战杯"赛;通过成果展对项目进行总结与宣传。

四、项目特色

总体而言,化学与化学工程学院以学术科研竞赛为平台和契机,积极整合学院现有教学及科研资源,在全院范围营造了一个积极向上、争先创优的良好学术科研氛围。

(一)强大的专家指导团队

"雏鹰计划"的教授专家库成员涵盖了阅历丰富的教授,包括长江学者、杰出青年基金获得者和中科院院士，并不断吸纳优秀的年轻教师，包括学院引进的千人计划和百人计划成员，还与校外的科研泰斗取得紧密联系，得以让"科研雏鹰"通过定期听取学术报告、参加科研交流汲取最前沿的学术养分（如图3所示）。

图3　陈小明院士讲座

（二）丰富的实践经验

多年实践经验积累，有扎实的理论知识传授、严谨的科学方法论的讲授、完整的学术科研训练，帮助"科研雏鹰"丰满羽翼、展翅试飞。

（三）完善的机制保障

"雏鹰计划"是学生工作部门为实现与教学科研部门协同为人才培养助力的成功尝试，化学与化学工程学院制定的多项相关的文案资料以及丰富翔实的实践项目记载，为此竞赛的可持续发展提供了长效性机制保障。

五、项目成果

（一）学生覆盖率增大

至今，化学与化学工程学院共提供超过1000人次提前进实验室，使一项精英参与的活动变为能广泛参与的计划。近年来，提前进入实验室的学生人数在稳步提升，呈现受众面逐渐拓宽的良好态势。2012年被评为"中山大学年度人物"的卢锡洪同学2004年入读中山大学化学与化学工程学院物理化学专业，本科毕业后留校深造。大学二年级暑假，卢锡洪进入童叶翔教授实验室进行ZnX（X＝O，S，Se，Te）半导体纳米材料的电化学制备研究，他说："刚刚进入实验室的我们面对实验带来的一个个问题，懵懂茫然。老师不会直接告诉我们答案，而是鼓励我们自己去查阅文献，发散思维，独立思考。"独立思考，发散思维，是卢锡洪"修行"过程中宝贵的第一课。7年"修行"下来，卢锡洪科研成绩斐然。仅仅本科阶段，便在国际重要学术刊物发表SCI收录的论文共计7篇。

（二）论文发表数量增大

化学与化学工程学院在2008—2013年间共发表论文196篇，比2001—2006年间增长近30篇。

（三）高质量论文数增多

2008—2013年间，中山大学化学与化学工程学院学生发表的IF＞3.0的论文数逐年增加，见图3所示。

IF，即影响因子（Impact Factor），是汤森路透（Thomson Reuters）集团出品的《期刊引证报告》（Journal Citation Reports，

JCR）中的一项数据，即某期刊前两年发表的论文在该报告年份（JCR year）中被引用总次数除以该期刊在这两年内发表的论文总数。这是一个国际上通行的期刊评价指标。

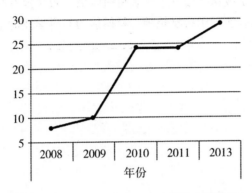

图3　2008—2013年IF＞3.0的论文发表数

（四）同行业内影响力大

"雏鹰计划"在中山大学化学与化学工程学院内以及校际都取得了良好的声誉，依托"雏鹰计划"的平台，2012年，华南理工大学与中山大学化学与化学工程学院合作举办了华南地区材料创新大赛。其中的子项目"化学科技文化节"得到高新科技企业金发科技股份有限公司的冠名资助，并以此为契机与学院广泛开展产学研方面的合作；"化学节"自2009年起已经面向全校以及社会开放，并得到包括各界校友在内的肯定与好评。

六、小结

"雏鹰计划"平台的搭建，一方面使大量优秀的本科生进入实验室，有力地补充了实验室的人员配置，提升了实验室的运作效率，有效地推动了学院科研的发展；另一方面，这部分学生在文献阅读、教师传授、动手实践的过程当中发现问题、分析问题、解决问题，培养了团队协作、严谨认真的科学精神。这是一种生动的教学改革，建立了学院科研发展、教学提升与思政教育的相互联系，实现了科学精神、科研能力与科学技能培养的辩证统一。

医科篇

无论至于何处,遇男或女,贵人及奴婢,我之唯一目的,为病家谋幸福。

——希波克拉底

魅力药学，赛出精彩

——中山大学药学实验技能大赛

药学院 杨钧杰

一、赛事背景

中山大学作为华南第一学府，因兼容并包闻名于世，成为莘莘学子向往的学术王国。凭借着"博学、审问、慎思、明辨、笃行"的学府氛围，中山大学向世人展示出其学术深究、孜孜求学的一面，培养了一批又一批高素质的中大人。

而对于维系着人类健康与保健的药学专业学生而言，熟练地掌握实验技能尤其是我们不可或缺的专业素养。为进一步激发学生的科研兴趣，提高学生创新能力，培养高技能、高素质的药学类人才，药学院坚持每年举办药学实验技能大赛，为学生提高综合实验素养提供一个良好的锻炼平台。在大赛中，参赛选手将以过硬的专业知识、熟练的实验操作以及团队协作能力充分展现一名优秀药学生的风采，激发更多的学生投身到实践与科研中去！

二、项目简介

药学实验技能大赛是中山大学"985工程"建设子项目之一，由药学院主办，并得到中山大学教务处和学生处的支持。作为全国药学/中药学实验技能大赛的预选赛，每学年第二学期开展，面向全体与药学院专业相关的本科生。参赛选手可以选择以个人或组队（不超过3人）的方式报名。大赛基本流程为前期宣传和报名、专业培训、笔试（初赛）和实际操作比赛（决赛）。

三、组织实施

（一）前期准备

在比赛前期筹备阶段，建立组委会。组委会由命题组、评审组、筹备组等组成，其中，命题组和评审组由药学相关专业的教授组成，筹备组由主办方和联合举办方构成。通过整合各方面的资源，分工协作，为赛事举办做好充分准备。

（二）赛前培训

报名结束后，为增强选手实验设计能力、提高设计报告质量，药学院会对报名队伍安排相关培训，请有关专家进行相关专业实验知识讲解和指导（如图1、图2所示）。在此过程中会有实战展示环节和答疑环节，届时各个队伍可以针对有关问题进行提问，讨论实验设计中遇到的困难，确保实验方案的可行性。

图1 有关专家进行专业讲解

图2 赛前培训现场气氛热烈

（三）初赛

为全面考察参赛队伍的实验理论和实验设计能力，赛前培训之后，选手将根据大赛组委会所给定的实验题目，上交实验设计报告，汇总之后由专家评委作出实验设计质量评价；同时，举行实验理论考试（如图3、图4所示），测试选手的理论知识掌握程度。实验设计和实验理论两项考试将作为初赛成绩计入总分。为了能够更好地筛选出优秀的选手，初赛成绩也将作为淘汰部分选手的标准，以便优秀选手进入下一轮考核。

图3　井然有序的初赛现场

图4　密封装订批改的试卷

（四）决赛

经过定时实验设计和实验理论考核，晋级选手将进入最紧张的环节——实验操作考察（如图5、图6所示）。当天的实验操作考试中，选手们将呈现不同专业、不同年级的技能大比拼。为了让评委更加公平、公正地为选手实验操作评分，以及让观众更加直接观察决赛，每组也会有摄像头实时记录和直播操作考察过程。

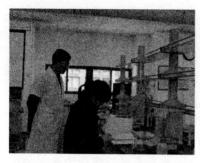
图5 决赛现场（一）

图6 决赛现场（二）

图7 颁奖现场

图8 参赛人员合影

四、赛事成效

（一）深入学生

中山大学药学实验技能大赛面向全体药学相关本科生，积极深入学生内部去宣传，充分调动新媒体的宣传力量，让学生们真正参与进来。药学实验技能大赛主要面向药学院大一至大三学年的本科生。共有130多人参与，三个年级的参与率分别达到了31.8%、49.1%和31.0%。

(二) 专业培训

邀请药学相关专业的教授以及全国药学实验技能大赛的获奖者进行赛前培训，编写参赛手册，保证了大赛的专业性与高水平，让同学们的实验基本素质在培训过程中得到较大的提高。

(三) 立足学科

参赛者以药学院本科生为主。初赛笔试题目参考本科生实验教材，决赛操作内容由药学院老师命题，题目主要源于各年级本学期的实验课，立足基础但追求创新，充分锻炼了学生自主实验设计的技能。

在整个比赛过程中，我发现药学实验技能大赛能很好地考查学生对于实验的理解能力和动手能力，大家在实验过程中要懂得思考，学会总结自己在实验中需要改进的地方，这对于提高大家的实验能力有很大的帮助。我希望这个比赛越办越好，让每个同学都能充分体验药学实验的魅力。

——一等奖获得者　方展辉

药学实验技能大赛不只是一个比赛，更是一个药学生实验操作与展示的平台。很感谢学院能提供这样一个平台。一粒种子，只有置身于拼搏的氛围，才能蓬勃向上；一个学生，只有置身于优良的学术氛围中，才能欣欣向荣。此次药学实验技能大赛，让我们在规矩的实验课操作外，学会了自主操作与创新思维，而且还让我对药学相关科研方向有了更深的认识，这对我而言是获益匪浅的。

——二等奖获得者　郭少鹏

五、总结展望

　　药学实验技能大赛旨在提高药学院学生的实验技能和综合素质。本项赛事尽管创办时间不久，但在学生和老师中反响良好，对提高学生的实验素质起到了重要的作用。随着赛事组织的不断完善，一方面，我们希望更多的学生参与到比赛中来，更好地提高药学生的专业水平；另一方面，我们也拟与广东药学院、广东中医药大学、暨南大学等合作，通过强强联合，整合其他高校资源，创立一个更宽广的培训竞赛平台，为药学/中药学学生提供一个共同提升专业技能的机会，培养华南一流药学人才。

学以致用，展杏林风

——中山医学院医科技能水平大赛

中山医学院　王立富

一、背景：贯彻"三基"教育，提升医技水平

在新时期，我们应当进一步创新争优、开拓发展，活跃校园的学术氛围，提升在校医学生的基础技能，贯彻落实新时期的广东精神，引领学术创新，投身科技进步，全面促进中山医学院大学生的成长成才。现代社会对医生的综合素质要求越来越高，无论是诊断还是手术，都需要医生有着严谨的临床意识、熟练的临床操作能力，这也往往成为病人判定医生能力的两大标准。

医学生除了学好本分的临床知识外，另一个相当重要的部分便是加强对临床实验的重视，提升自己的实际动手能力。针对中山医学院低年级医科学生除了在实验室和科研比赛外，往往没有更多机会参与临床实践的现状，学校必须努力为他们搭建更多展现并提升自我的实践平台，这也是贯彻落实包括中山大学在内的广大医学院校"三基"教育的重要举措。而且对于很多同学而言，平时的学习过程中会更加局限于课本枯燥的理论知识的学习，较少有机会主动参加科研实验，限制了学生综合素质的发展和培养。理论知识必须在实践中才能得到真正的运用。因此，为了加强医学生对临床基本理论、基本知识、基本技能的重视和培养，促进医学生理论与实践的有机结合，提升医学生的实践动手

能力,活跃学习氛围,提升同学们的团队合作精神,增强同学们对学医的信心,中山医学院学术部策划并主办了中山医学院医科技能水平大赛。

二、流程:理论结合实践,展百家之长

中山医学院医科技能水平大赛主要由医学知识大赛和基础技能水平大赛两大环节组成。

(一)基础医学知识大赛

"因知而治",基础医学知识是医学的源头,是医学之根本。因此基础医学知识大赛是中山医学院医科技能水平大赛的领头环节,全方位、多角度地对参赛选手的基础理论知识进行了考察。基础医学知识大赛由初赛和复赛两部分组成,参赛的同学主要来自中山医学院五年制、临床八年制的学生,也吸引了光华口腔医学院、公共卫生学院、护理学院的学生踊跃参与,参赛队伍多达40多支。其中,初赛部分以笔试的形式进行,而复赛分别为专业必答题、动作猜谜题、综合回答题和病例分析题四个环节。

在历届比赛中,我们荣幸地邀请到了黎孟枫、王庭槐、高国全、顾怀宇、彭挺生等学院领导和老师,以及附属第一医院急诊科李玉杰主任、李慧医生等担任比赛的嘉宾评委,组成了强大的嘉宾阵容。评委老师们对同学们的表现进行了点评和建议,老师们态度严谨认真,向同学们分享自己宝贵临床经验的同时,对选手们给出的答案进行了科学合理的评分和精辟细致的分析。风趣幽默的点评,弥足珍贵的经验传承,让在场的同学们收获良多。

基础医学知识大赛在同学中反响热烈,同学们参与热情高涨,尤其是复赛中四个形式新颖而富有挑战性的环节更是得到大家的一致好评,也得到了学院领导的高度赞扬。基础医学知识大

赛不仅仅为医学生提供了学习医学知识的宝贵机会,还有助于同学们团队合作精神的培养,已成为中山医学院培养医学生第二课堂的品牌活动(见图1所示)。

图1　基础医学知识大赛现场

(二)基础技能水平大赛

"医病、医身、医心;救人、救国、救世"是中山医学院行政楼的门联,也是每个中山医学院医科生的理想与信念,而要真正做到这一点,就需要理论与实践相结合,练好医学本领。基础医学是根本,学好基础医学是为了更好地指导实践,从而真正做到治病救人、医者仁心,因此基础技能水平大赛是中山医学院医科技能水平大赛的压轴环节。

基础技能大赛主要由体格检查、心肺复苏、病史询问、外科基本操作四个部分组成。四个环节都对同学们的医学技能水平进行了全面的考察,使医学生在加强基础理论知识学习的同时,提升实践动手操作能力,不仅为医学生搭建了一个提升自己、展示自己的舞台,更激发了同学们实践"人心向学"的热情。

在历届基础技能水平大赛中,同学们都得到了来自附属第一医院老师们在体格检查、心肺复苏、病史询问、外科基本操作等方面的专业培训和指导。除此之外,老师们还向同学们介绍了他们在临床上遇到的突发情况、应急方法以及其他宝贵的临床经验。通过培训,同学们在医学技能和理论水平上都取得了巨大进步,在比赛中均展示了作为一名合格医学生应该掌握的临床技能,展现了中山医学院医学生学以致用和求真务实的良好精神风貌,得到了评委和嘉宾们的高度肯定和同学们的一致好评(见图2所示)。

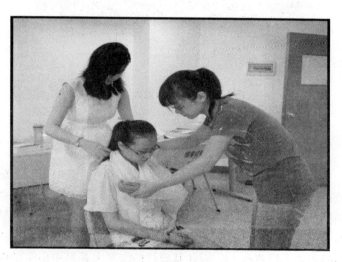

图2　基础医学技能大赛赛场一瞥

三、成效:博学慎思,笃行医风

自2010年至今,医科技能水平大赛已成功举办四届,参赛人员涵盖各专业医学本科生,每年有超过40支队伍参加。回顾历届临床技能水平大赛,同学们都表现出极大的热忱,积极筹划,积极参与,并在比赛中巩固了理论知识、增长了临床技能、收获了学医的乐趣。该项赛事也得到了校领导和学院老师的大力支持及较高赞誉,老师们希望借助该平台为同学们提供更多学习和交流的机会,同时也希望通过该赛事的举办,起到"老师反思教学,学生反思学习"的良好效果。通过举办临床技能水平大赛,在丰富同学们学习生活的同时,也使同学们的医学理论知识及临床技能水平得到了质的提高(见图3所示)。

图3　临床技能大赛获奖者合影

四、小结

中山医学院医科技能水平大赛是集知识、技能、乐趣于一身的基础技能比赛,得到了学院领导和老师们的充分认可和大力支持，同时受到了同学们的高度关注，并吸引了广大同学参与其中。展望未来，我们将以更加饱满的热情和更加严谨务实的态度，依托中山医学院医科技能水平大赛，为同学们提供更好的锻炼平台，让广大医学生在顶尖赛事中磨练意志，提升技能，学以致用，为社会福，为邦家光。

后 记

本书的编写历时将近一年，在此期间，我们将学生的文章细细研读，与学生一道修改、调整、完善，确定并统一文章架构，讨论分类和文风，等等。在文章分类上，我们经历了否定、再否定的过程，最后考虑到文章的整体风格，我们选择了较为保守的分类编排方式，按照学科进行分类，将各顶尖学术竞赛项目按照人文社科、理工科、医科等不同学科进行分类，通过对学术竞赛的回顾与再现，将一篇篇精彩纷呈兼具学科特色的顶尖学术竞赛项目呈现在读者面前，让本书更具系统性和科学性。

在这里，我们要特别感谢参与本书文章写作、修改全过程的各位同学，一次次地修改和补充，不厌其烦；我们也要特别感谢学生处各位领导和老师对本书的支持和指导，才促成了本书的顺利出版，特别是学生处前任处长漆小萍老师在任期间为本书的修订提供了宝贵的指导意见；此外，中山大学出版社的朋友也为本书的编排、出版付出了大量的心血，为我们提供了很多专业的意见，感谢他们。

最后，希望本书能够对各院（系）顶尖课外学术竞赛项目的申报和开展有所帮助，也希望中山大学的顶尖课外学术竞赛项目能从质和量上取得双突破，跨上新台阶。我们有理由相信，中大学子在顶尖课外学术竞赛中将不断进步，迈得更快，走得更远。

中山大学顶尖课外学术竞赛项目汇编

为完善现代大学内部治理结构体系,优化学科布局和学科结构,探索建设世界一流大学的新模式,中山大学于2015年开启了综合改革,调整了部分院系和学科的设置。由于本书涉及的顶尖课外学术竞赛项目的立项是在原学院的基础上进行的,因而本书内容未注明院系的变动。对此造成的不便,我们深表歉意。

编 者
2015年10月